高尔夫挥杆技术与教学

彭安继 ◎ 著

哈尔滨出版社
HARBIN PUBLISHING HOUSE

图书在版编目（CIP）数据

高尔夫挥杆技术与教学 / 彭安继著 . -- 哈尔滨：
哈尔滨出版社 , 2025. 1. -- ISBN 978-7-5484-8212-3

Ⅰ . G849.3

中国国家版本馆 CIP 数据核字第 2024A11D84 号

书　　名：**高尔夫挥杆技术与教学**
GAO'ERFU HUIGAN JISHU YU JIAOXUE

作　　者：彭安继　著
责任编辑：韩金华
封面设计：研杰星空

出版发行：哈尔滨出版社（Harbin Publishing House）
社　　址：哈尔滨市香坊区泰山路82-9号　　邮编：150090
经　　销：全国新华书店
印　　刷：北京虎彩文化传播有限公司
网　　址：www.hrbcbs.com
E-mail：hrbcbs@yeah.net
编辑版权热线：（0451）87900271　87900272
销售热线：（0451）87900202　87900203

开　　本：787mm×1092mm　　1/16　　印张：12.75　　字数：214千字
版　　次：2025年1月第1版
印　　次：2025年1月第1次印刷
书　　号：ISBN 978-7-5484-8212-3
定　　价：68.00元

凡购本社图书发现印装错误，请与本社印制部联系调换。
服务热线：（0451）87900279

前　言

高尔夫，这项源自苏格兰的运动，以其独特的魅力，早已超越了地域和文化的界限，成为全球数百万高尔夫爱好者的共同选择。它不仅是一项体育竞技，更是一种生活艺术，一种追求卓越的精神象征。每一杆挥出，都蕴含着无尽的技术、智慧和情感。

对于每一位热爱高尔夫的人来说，掌握精湛的挥杆技术无疑是追求更高境界的关键。而要想真正掌握这门技术，不仅需要不断地实践，更需要系统的理论指导和深入的技术剖析。这正是我撰写本书的初衷。

本书旨在为广大高尔夫爱好者和专业学生提供全面、系统、深入的高尔夫挥杆技术指南。我希望通过这本书，读者能够深入了解高尔夫挥杆的基本原理，掌握正确的挥杆动作，提高击球质量。在比赛中学会掌控自己的心态，懂得运用合理的击球策略，能够根据自己的个人情况与特点，科学地进行技术动作分析，帮助自己提高高尔夫运动技能水平，进而在享受高尔夫带来的乐趣的同时，不断提升自己对高尔夫的理解与感悟。

在本书的撰写过程中，本人参考了国内外相关专业文献和资料，借鉴了多位高尔夫教练和专家的经验。同时，我也结合了自己的实践经验和教学心得，力求使本书的内容既具有理论深度，又具有实践指导意义。

在结构安排上，本书共分为十章。第一章和第二章主要介绍了高尔夫运动的起源与发展、教学逻辑，以及挥杆技术的基本原理等，为后续的深入学习打下基础。第三章至第五章重点分析了基础挥杆动作、进阶挥杆技巧，以及常见错误及纠正方法，帮助读者逐步掌握挥杆技术的精髓。第六章和第七章分别从体能训练和心理因素的角度，探讨了高尔夫挥杆技术的提升与训练方法。第八章和第九章着重介绍了高尔夫挥杆技术的实践应用，包括在不同场地和天气条件下的挥杆调整，以及在比赛中的运用策略。最后一章则展望了高尔夫挥杆技术的发展趋势，为读者提供了更加广阔的视野。

在内容呈现上，本书力求做到深入浅出、通俗易懂。书中尽量避免使用过于专业的术语和复杂的理论，而是通过生动的案例、形象的比喻和简洁的语言，帮助读者更好地理解和掌握高尔夫挥杆技术。同时注重实用性和操作性，每一章都配备了相应的练习建议和方法，方便读者进行实践操作和巩固提高。

在深入探索高尔夫挥杆技术的道路上，我们不仅要关注技术本身，更要理解其背后的哲学和心理学原理。高尔夫运动是一种内外兼修的艺术，它要求我们在挥杆的瞬间，将身体的力量、心灵的平静和专注的目光完美结合。因此，本书在介绍挥杆技巧的同时，也注重培养读者的高尔夫心态和比赛策略，帮助读者在享受高尔夫带来的快乐的同时，实现个人成长和突破。

本书特别关注了高尔夫挥杆技术的创新和发展趋势。随着科技的进步和研究的深入，高尔夫挥杆技术也在不断地演变和进步。本书在最后一章中对未来的高尔夫挥杆技术进行了展望，探讨了新的教学方法、技术研究和应用前景。我希望通过这些内容，激发读者对高尔夫挥杆技术的探索和创新精神，推动高尔夫运动不断发展和进步。

在撰写本书的过程中，我深感责任重大。希望这本书能为高尔夫爱好者或专业学习者提供既具有理论深度又具有实践指导意义的参考。同时，我也希望能够通过这本书，传播高尔夫运动的价值观和精神内涵，让更多的人了解并爱上这项运动。

最后，感谢所有支持本书的朋友，让我们一起在高尔夫的广阔天地中挥洒汗水、享受快乐、追求卓越。愿每一位热爱高尔夫的朋友都能在这本书中找到属于自己的挥杆之道，共同创造高尔夫的美好未来。

目　录

第一章　高尔夫挥杆技术概述 ··· 1

　　第一节　高尔夫运动的起源与发展 ··· 1

　　第二节　高尔夫的教学逻辑 ··· 5

　　第三节　高尔夫挥杆技术的基本原理 ······························· 10

第二章　高尔夫球杆的选择与适配 ··· 17

　　第一节　球杆的种类与特点 ·· 17

　　第二节　如何选择合适的球杆 ·· 22

　　第三节　球杆适配性评估方法 ·· 28

第三章　基础挥杆动作分析 ··· 34

　　第一节　握杆方式与手部动作 ·· 34

　　第二节　身体姿势与站位技巧 ·· 38

　　第三节　挥杆节奏与力量传递 ·· 41

　　第四节　全挥杆八大阶段动作规范与典型错误 ··············· 45

第四章　进阶挥杆技巧探究 ··· 50

　　第一节　球的飞行与击球七要素的联系 ··························· 50

　　第二节　增加距离与准确性的秘诀 ··································· 62

　　第三节　特殊球位的处理方法 ·· 68

　　第四节　高尔夫比赛中的策略运用 ··································· 74

第五章　高尔夫挥杆常见错误及纠正 ················ 80

    第一节　常见挥杆错误类型 ················ 80

    第二节　错误产生的原因分析 ················ 94

    第三节　纠正方法与练习建议 ················ 99

第六章　高尔夫挥杆专项体能训练 ················ 105

    第一节　体能训练对挥杆技术的影响 ················ 105

    第二节　针对性的体能训练计划 ················ 108

    第三节　伤害预防与恢复训练 ················ 113

第七章　心理因素在高尔夫挥杆中的作用 ················ 117

    第一节　心理状态对挥杆效果的影响 ················ 117

    第二节　比赛中的心理调控技巧 ················ 120

    第三节　培养良好的高尔夫心态 ················ 124

第八章　高尔夫挥杆技术的教学方法 ················ 129

    第一节　高尔夫教学的关键步骤 ················ 129

    第二节　针对不同水平和需求的教学策略 ················ 142

第九章　高尔夫挥杆技术的实践应用 ················ 157

    第一节　不同场地条件下的挥杆调整 ················ 157

    第二节　应对不同天气状况的挥杆技巧 ················ 170

    第三节　高尔夫挥杆技术在比赛中的运用 ················ 182

第十章　高尔夫挥杆技术的发展趋势 ················ 189

    第一节　高尔夫挥杆技术的研究进展 ················ 189

    第二节　未来高尔夫挥杆技术的创新方向 ················ 192

参考文献 ················ 197

第一章 高尔夫挥杆技术概述

第一节 高尔夫运动的起源与发展

一、高尔夫运动的起源

高尔夫运动的历史源远流长，它的起源可以追溯到几个世纪前，充满了神秘与传奇色彩。高尔夫的起源虽然并没有一个确切的日期或具体的地点，但多数历史学家和研究者认为，这项运动起源于 15 世纪的苏格兰。

在早期的苏格兰，有一种被称为"golf"或"golve"的游戏，它可能是高尔夫的前身。这种游戏在贵族和皇室成员之间非常流行，他们在开阔的草地上使用木棒击球，目标是将球击进小洞或"目标"。这些早期的球场往往是自然形成的，没有固定的规则和限制，玩家可以根据自己的喜好和创造力来设计球场和制订规则。

高尔夫运动在欧洲大陆的普及和发展受到了许多因素的影响。首先，欧洲的贵族和上层社会对于高尔夫运动的热爱和支持，为这项运动提供了良好的发展环境和资源。其次，随着欧洲经济的繁荣和发展，越来越多的人有了足够的财力和时间去参与高尔夫运动。此外，高尔夫运动本身所具有的挑战性和乐趣也吸引了越来越多的人加入其中。

在欧洲大陆，高尔夫运动经历了不同的阶段和发展方向。在一些国家和地区，高尔夫运动被视为一种贵族运动，只有上层社会的人士才能参与。而在另一些国家和地区，高尔夫运动则更加普及和大众化，吸引了各个社会阶层的人士参与。

在现代社会，高尔夫运动已经成为一项全球性的运动。它不仅在欧洲、北美洲和亚洲等地广受欢迎，还在非洲、南美洲和大洋洲等地得到了迅速的发展和普及。高尔夫运动不仅仅是一种竞技运动，更是一种生活方式和文化象征。它代表着对品质生活的追求，成了许多人心目中的理想运动。

高尔夫运动的起源和发展是一个充满传奇和历史的过程。从早期的苏格兰到现代的全球范围，高尔夫运动经历了不断的演变和发展。它不仅为人们提供了健康、快乐和社交的机会，还成了一种文化符号和精神追求。随着科技的不断进步和社会的不断发展，高尔夫运动将在未来的发展中展现出更加广阔的前景和魅力。

二、高尔夫运动的历史发展

高尔夫运动的历史发展是一个跨越数个世纪的精彩旅程，它从一个简单的娱乐活动逐渐演变成一项全球性的竞技运动，吸引了许多人参与。在这个过程中，高尔夫运动经历了众多的变革和创新，不断地推动着自身的发展和进步。

16 世纪和 17 世纪是高尔夫运动发展的关键时期。在这个时期，高尔夫运动逐渐从苏格兰传播到英格兰以及其他欧洲大陆国家。随着越来越多的人参与这项运动，球场的设计和建造也变得越来越专业和精细。同时，高尔夫运动的规则和比赛形式也逐渐完善，这为高尔夫运动的发展奠定了坚实的基础。

18 世纪是高尔夫运动的黄金时期。在这个时期，高尔夫运动成了欧洲上层社会最受欢迎的社交活动之一。许多贵族和富商巨贾都热衷于这项运动，他们不仅自己参与比赛，还资助和支持高尔夫运动的发展。此外，高尔夫运动在这个时期也开始向公众开放，越来越多的人有机会接触和参与这项运动。

19 世纪末期和 20 世纪初期是高尔夫运动现代化的重要阶段。随着科技的进步和现代化的发展，高尔夫球场的设计和建造变得更加科学和先进。球场的草皮和设施得到了极大的改善，为球员提供了更加舒适和安全的比赛环境。同时，高尔夫运动的比赛规则和组织形式也得到了不断的完善和规范，这为高尔夫运动的发展奠定了坚实的基础。

20 世纪中后期至今，高尔夫运动迎来了全球化的时代。随着经济的全球化和文化的交流融合，高尔夫运动逐渐成了一项全球性的竞技运动。

在这个过程中，高尔夫运动的竞技水平也不断提高。各个国家和地区的球员通过不断学习和实践，逐渐掌握了更加先进的击球技巧和策略。同时，高尔夫运动的比赛形式也不断创新和丰富，除了传统的个人赛和团体赛外，还出现了许多新的比赛形式和项目，如高尔夫巡回赛、高尔夫大师赛等。

除了竞技水平的提高和比赛形式的创新外，高尔夫运动还面临着一些挑战和变革。随着社会的发展和人们生活方式的变化，高尔夫运动需要不断地适应新的市场需求和参与者需求。例如，高尔夫球场需要更加注重环保和可持续性发展，同时高尔夫运动也需要为不同年龄和性别的人群提供更加多样化和包容性的参与机会。

此外，高尔夫运动还需要应对科技的影响和挑战。随着科技的发展，高尔夫球场的设计和建造、球员的训练和比赛等方面都发生了巨大的变化。例如，可以使用先进的草种和灌溉系统来提高现代高尔夫球场的质量和可持续性；球员也可以利用先进的科技设备来辅助训练和提高比赛水平。然而，科技的影响也带来了一些新的挑战和问题，如球场的安全性和公正性等方面的问题需要得到重视和解决。

高尔夫运动的历史发展是一个充满变革和创新的过程。从简单的娱乐活动到全球性的竞技运动，高尔夫运动不断发展和进步。在未来的发展中，高尔夫运动需要继续适应市场需求和社会变化，同时也需要应对科技的影响和挑战。相信在不断的探索和创新中，高尔夫运动将会迎来更加广阔的发展前景和更加美好的未来。

三、高尔夫运动在全球的普及

高尔夫运动在全球的普及是一个令人瞩目的现象。从起源地苏格兰到世界各地，高尔夫逐渐发展成为一项备受欢迎的竞技和休闲活动。它不仅跨越了地理和文化的界限，更成了一种联结不同国家和地区民众的纽带。这种普及并非偶然，而是高尔夫运动自身独特的魅力以及全球化趋势共同作用的结果。

首先，高尔夫运动在全球范围内的普及得益于其独特的魅力。高尔夫球场通常位于风景优美的自然环境中，这使得打球不仅是一种体育活动，更是一种享受大自然的方式。同时，高尔夫运动注重礼仪和规则，要求球员在比赛中展现出良好的品德和风度。这种独特的文化氛围吸引了众多追求高品质生活的人参与其中。

其次，高尔夫运动的普及也得益于全球化的推动。随着经济全球化的不断发展，跨国企业和国际交流活动日益增多，高尔夫运动作为一种国际通用的商务社交手段，得到了广泛的推广和应用。许多跨国企业都将高尔夫运动作为商务洽谈和团队建设的重要方式，这不仅促进了高尔夫运动在全球范围内的普及，也加强了不同国家和地区之间的经济和文化交流。

此外，高尔夫运动的普及还得益于其不断创新的比赛形式和项目。除了传统的个人赛和团体赛外，高尔夫运动还推出了众多新的比赛形式和项目，如高尔夫巡回赛、高尔夫大师赛等。这些创新为高尔夫运动注入了新的活力，吸引了更多不同年龄和性别的人参与其中。同时，高尔夫运动还积极与其他体育项目和文化活动进行融合，如高尔夫与音乐的结合、高尔夫与旅游的结合等，这为高尔夫运动的普及开辟了新的途径。

在全球范围内，高尔夫运动的普及程度呈现出不断上升的趋势。在欧美国家，高尔夫运动早已成为一项备受推崇的体育运动，拥有众多的球场和俱乐部。在亚洲地区，特别是中国、日本和韩国等国家，高尔夫运动也得到了迅速的普及和发展。据统计，亚洲地区的高尔夫球场数量已超过欧美地区，成为全球高尔夫球场数量最多的地区之一。同时，亚洲地区的高尔夫球员数量也在不断增加，许多优秀的亚洲球员在国际赛场上崭露头角，为高尔夫运动在全球范围内的普及和推广做出了积极贡献。

然而，高尔夫运动在全球的普及也面临着一些挑战和问题。首先，高尔夫球场的建设和维护成本较高，需要投入大量的资金和资源。这使得一些经济欠发达地区的人难以接触到高尔夫运动。其次，高尔夫运动对参与者的技能和体能要求较高，需要花费较多的时间和精力进行学习和练习。这对于一些忙碌的城市居民来说可能是一种挑战。此外，高尔夫运动在全球范围内的普及也面临着文化差异和地域差异的挑战。不同国家和地区的人对高尔夫运动的认知和理解可能存在差异，这在一定程度上影响了高尔夫运动在全球范围内的普及和推广。

为了推动高尔夫运动在全球范围内的普及和发展，需要采取一系列措施。首先，可以通过加强国际合作和交流，促进不同国家和地区之间的高尔夫运动发展经验和技术分享。其次，可以通过加大宣传和推广力度，提高高尔夫运动在全球范围内的知名度和影响力。此外，还可以通过创新比赛形式和项目、降低球场建设和维护成本等方式，吸引更多的人参与高尔夫运动。

高尔夫运动在全球的普及是一个复杂而多元的过程，它受到文化、经济、社会等多种因素的影响。然而，随着全球化的不断发展和高尔夫运动自身的不断创新和完善，相信高尔夫运动将会在未来继续扩大其全球影响力，成为一项更加普及和受欢迎的体育运动。

第二节　高尔夫的教学逻辑

一、高尔夫教学的目标与原则

高尔夫教学作为一项专业的体育运动教学，其目标与原则对于培养优秀的高尔夫球员和指导者至关重要。高尔夫教学不仅要培养球员掌握基本技能和规则的能力，更重要的是培养球员的综合素质和终身受益的运动习惯。

1. 高尔夫教学的目标

（1）掌握基本技能和规则。高尔夫教学的基础目标是让球员掌握基本的高尔夫技能和规则。包括正确的握杆姿势、挥杆动作、击球技巧、球场规则等。通过系统的教学和训练，球员能够在比赛中准确、稳定地发挥，提高竞技水平。

（2）培养综合素质。高尔夫教学不仅要培养球员的运动技能，还要注重培养球员的综合素质。这包括良好的心理素质、团队协作能力、沟通能力、自我管理能力等。通过高尔夫教学，让球员在运动中学会做人、做事，提高综合素质，为未来的生活和职业发展打下坚实基础。

（3）培养终身受益的运动习惯。高尔夫教学的一个重要目标是培养球员终身受益的运动习惯。通过高尔夫教学，让球员认识到运动的重要性，养成定期参与高尔夫运动的习惯。这不仅可以使球员保持身体健康，还能培养球员的毅力、耐心和自律精神，使球员在人生的各个阶段都能从中受益。

2.高尔夫教学的原则

（1）因材施教原则。高尔夫教学应遵循因材施教的原则。每个球员的身体素质、技能水平和兴趣爱好都有所不同，因此在教学过程中要根据球员的实际情况，制订个性化的教学计划和训练方案。这样才能最大限度地发挥球员的潜力，提高教学效果。

（2）循序渐进原则。高尔夫教学应遵循循序渐进的原则。在教学过程中，要按照球员的技能水平和学习能力，逐步教授基本技能和规则，逐步提高教学难度和要求。这样才能使球员在逐步掌握技能的同时，保持学习兴趣和动力。

（3）实践与反思相结合原则。高尔夫教学应注重实践与反思相结合。在教学过程中，要让球员充分实践，通过反复练习和体验，巩固所学技能和规则。同时，还要引导球员进行反思和总结，分析自己的优点和不足，明确改进方向。这样才能使球员在实践中不断提高，逐步成为优秀的高尔夫球员。

（4）激励与引导相结合原则。高尔夫教学应遵循激励与引导相结合的原则。在教学过程中，教练要关注球员的学习进程和表现，及时给予肯定和鼓励，激发球员的学习兴趣和自信心。同时，还要对球员进行适当的引导和纠正，帮助球员认识到自己的不足，明确改进方向。这样才能使球员在积极向上的氛围中不断进步，实现自我超越。

（5）安全性原则。高尔夫教学必须始终关注安全性。高尔夫运动虽然看似轻松优雅，但实际上存在一定的安全风险。在教学过程中，教练要严格遵守安全规定，确保球场设施完善、球员装备齐全、教学方法科学。同时，还要对球员进行安全教育和指导，让球员了解安全知识和应急措施，提高自我保护能力。

高尔夫教学的目标与原则是高尔夫教学和培训过程中不可或缺的重要组成部分。通过明确教学目标和遵循教学原则，可以为球员提供科学、系统、有效的指导，帮助球员在高尔夫运动中取得优异成绩，培养终身受益的运动习惯。同时，也可以为高尔夫运动的普及和发展做出积极贡献。

二、高尔夫教学方法与步骤

高尔夫教学是一项复杂而细致的任务，它要求教练具备专业的技能和深厚的教育背景。教学方法与步骤的合理运用，对于提高球员的学习效率、技能掌握以及运动表现至关重要。

1. 高尔夫教学方法

（1）直观教学法。直观教学法是高尔夫教学中常用的一种方法。教练通过示范动作、展示图片或视频等直观手段，使球员能够直接观察并模仿正确的技能和动作。使用这种方法教学，有助于球员形成正确的视觉印象，加深对技能和动作的理解。

（2）分解法教学。分解法教学是将高尔夫技能分解为若干个简单的组成部分，然后逐一进行教学和练习。使用这种方法教学可以帮助球员逐步掌握每个动作的要领，最后再将这些动作组合起来形成完整的技能。分解法教学有助于提高球员的技能水平和自信心。

（3）反馈教学法。反馈教学法强调教练与球员之间的互动和交流。教练通过观察和评估球员的表现，及时给予反馈和建议，帮助球员发现自己的不足并进行改进。同时，球员也可以向教练提出问题或困惑，寻求指导和帮助。反馈教学法有助于提高球员的学习效果和自我反思能力。

（4）游戏化教学法。游戏化教学法是将高尔夫教学与游戏相结合，通过游戏的形式激发球员的学习兴趣和动力。这种方法可以使球员在轻松愉快的氛围中学习和掌握高尔夫技能，提高学习效果。同时，游戏化教学法还可以培养球员的竞争意识和团队合作精神。

2. 高尔夫教学步骤

（1）基础技能训练。在高尔夫教学的初始阶段，首先要进行基础技能训练。这包括握杆、站姿、挥杆等基本动作的训练。教练要通过直观教学法和分解法教学，使球员掌握正确的动作要领和技巧。同时，要注重球员的个体差异，因材施教，确保每个球员都能够得到合适的指导。

（2）技能组合与运用。在球员掌握了一定的基础技能后，教练需要开始教授如何将这些技能组合起来，形成完整的击球动作。在这个阶段，教练可以通过示范和讲解，让球员了解不同技能之间的衔接和转换。同时，要鼓励球员多进行实践练习，通过反复练习和反思，逐渐提高技能组合的熟练度和准确性。

（3）球场规则与策略。除了技能训练外，高尔夫教学还需要教授球员球场规则和比赛策略。教练要向球员介绍高尔夫比赛的基本规则和礼仪要求，使球员能够在比赛中遵守规则、尊重对手和裁判。同时，还要教授球员一些比赛策略和技巧，如选择合适的击球路线的方法、调整心态应对压力的方法等。这些策略和技巧对于提高球员的比赛表现至关重要。

（4）模拟比赛与实战演练。在教学的后期阶段，教练可以组织模拟比赛和实战演练活动，让球员在真实的比赛环境中检验自己的技能水平和应用能力。通过模拟比赛和实战演练，球员可以更好地了解自己在比赛中的优势和不足，从而有针对性地进行改进和提高。同时，这些活动还可以丰富球员的比赛经验，培养球员的心理素质，为未来的比赛做好准备。

（5）持续评估与调整。高尔夫教学是一个持续不断的过程，教练需要定期对球员的学习情况进行评估和调整。通过观察和评估球员的表现，教练可以了解球员的进步和需要改进的地方，然后及时调整教学计划和方法，确保球员能够持续进步。同时，教练还需与球员保持密切的沟通和交流，了解球员的需求和困惑，为球员提供个性化的指导和帮助。

高尔夫教学方法与步骤的运用对于提高球员的学习效果、技能掌握以及运动表现具有重要意义。教练需要根据球员的实际情况和需求，选择合适的教学方法和步骤，为球员提供科学、系统、有效的指导。同时，教练还需要注重球员的个体差异和兴趣特点，因材施教，激发球员的学习兴趣和动力。只有这样，才能真正实现高尔夫教学的目标，培养出更多优秀的高尔夫球员。

三、高尔夫教练的角色与要求

高尔夫教练在高尔夫运动中扮演着至关重要的角色。他们不仅是技能的传授者，更是引导球员探索高尔夫世界、培养高尔夫精神的重要人物。一个优秀的高尔夫教练需要具备多方面的素质和能力，以满足不同球员的需求和提高他们的技能水平。

1. 高尔夫教练的角色

（1）技能传授者。高尔夫教练的首要角色是技能传授者。他们需要掌握高尔夫运动的基本技能和高级技巧，并且能够将这些技能有效地传授给球员。教练需要了解每个球员的技能水平和学习能力，制订个性化的教学计划，帮助球员逐步掌握高尔夫技能。

（2）引导者。高尔夫教练还需要扮演引导者的角色。他们需要引导球员了解高尔夫运动的规则、礼仪和文化，培养球员的高尔夫精神和竞技精神。教练应该激发球员对高尔夫运动的兴趣和热情，帮助他们建立正确的价值观和竞技态度。

（3）心理咨询师。高尔夫运动不仅需要技能，更需要心态和情绪的调控。高尔夫教练需要具备一定的心理咨询能力，帮助球员处理比赛中的压力和焦虑，调整心态，保持自信和冷静。教练需要了解球员的心理特点和需求，提供个性化的心理辅导和支持。

（4）团队合作者。在高尔夫比赛中，团队合作是非常重要的。高尔夫教练需要培养球员的团队合作精神和协作能力，帮助他们在团队中发挥自己的优势，实现共同的目标。教练需要与球员建立良好的沟通和合作关系，共同应对比赛中的挑战和困难。

2. 高尔夫教练的要求

（1）专业技能。高尔夫教练需要具备扎实的专业技能，包括高尔夫运动的基本技能和高级技巧。他们需要不断学习和提高自己的技能水平，以满足球员的需求和提高他们的技能水平。同时，教练还需要了解高尔夫运动的规则和裁判标准，确保球员在比赛中能够遵守规则、发挥水平。

（2）教育背景。高尔夫教练需要具备一定的教育背景，包括高尔夫相关专业的学习和培训。他们需要了解高尔夫运动的理论知识和教育方法，掌握科学的教学理念和教学方法。同时，教练还需要具备一定的教育心理学知识，了解球员的学习特点和心理需求，提供个性化的教学支持。

（3）沟通能力。高尔夫教练需要具备良好的沟通能力，能够与球员建立有效的沟通和合作关系。他们需要倾听球员的需求和困惑，提供有针对性的指导和帮助。同时，教练还需要能够与球员建立良好的关系，增强球员对教练的信任和尊重。

（4）持续学习的态度。高尔夫教练需要保持持续学习的态度，不断更新自己的知识和技能。他们需要关注高尔夫运动的最新动态和趋势，了解新的教学方法和技术。同时，教练还需要参加各种培训和研讨会，与其他教练交流经验和学习心得，不断提高自己的教学水平和综合素质。

（5）耐心和热情。高尔夫教练需要具备耐心和热情。他们需要耐心地指导球员，帮助球员逐步掌握高尔夫技能。同时，教练还需要对高尔夫运动充满热情，能够激发球员的兴趣和动力。只有具备耐心和热情的教练，才能够赢得球员的尊重和信任，帮助他们取得更好的成绩和发展。

高尔夫教练在高尔夫运动中扮演着非常重要的角色。他们需要具备专业技能、教育背景、沟通能力、持续学习的态度以及耐心和热情等多方面的素质和能力。只有满足这些要求的教练，才能够为球员提供科学、系统、有效的指导，帮助他们取得更好的成绩和发展。同时，高尔夫教练还需要不断学习和提高自己的素质和能力，以适应不断变化的高尔夫运动环境和球员需求。

第三节　高尔夫挥杆技术的基本原理

一、挥杆动作的力学原理

高尔夫挥杆动作具有高度技术性，其中涉及复杂的力学原理。这些原理不仅影响着球杆与球的接触，还决定着球的飞行轨迹和距离。理解并应用这些力学原理，对于提高高尔夫技能至关重要。

1. 身体转动与重心转移

在高尔夫挥杆过程中，身体的转动和重心的转移是核心要素。挥杆开始时，身体以脊柱为轴进行转动，这种转动为挥杆提供了初始的动量。在身体转动的同时，重心也需要相应地转移。在向后挥杆时，重心应稍微向后移动，以增加向后挥杆的力量和稳定性。而在向前挥杆时，重心则应向前移动，帮助球杆以更快的速度击中球。

2. 杠杆作用与力量传递

高尔夫挥杆中的杠杆作用是决定挥杆效率的关键因素。在挥杆过程中，球杆就像一根杠杆，球杆头是杠杆的一端，而手握球杆的位置则是杠杆的支点。通过调整手握球杆的位置和角度，可以改变杠杆的比例，从而影响挥杆的力量和准确性。

力量传递是指将身体的力量有效地传递到球杆头上。这要求挥杆过程中，身体各部分的动作协调一致，形成一个流畅的力量传递链。从脚的蹬地开始，力量通过腿部、腰部、背部、手臂，最终传递到球杆头。在这个过程中，任何一个环节的失误都可能导致力量传递的断裂，影响击球效果。

3. 动态平衡与稳定性

在高尔夫挥杆中，保持动态平衡对于击球的准确性至关重要。挥杆过程中，身体需要不断地调整重心和姿势，以保持平衡。这种动态平衡不仅有助于提高击球时的稳定性，还可以减少因身体晃动而导致的误差。

为了保持动态平衡，高尔夫球员需要具备良好的核心稳定性和灵活性。核心稳定性可以帮助球员在挥杆过程中保持脊柱的稳定，而灵活性则有助于球员在需要时调整身体姿势和重心位置。

4. 挥杆路径与挥杆面

挥杆路径和挥杆面是影响击球方向的两大主要因素，也涉及高尔夫挥杆中重要的力学原理。挥杆路径指的是球杆在挥动过程中的轨迹，而挥杆面则是指球杆头在击球时的朝向。理想的挥杆路径应该是平滑且一致的，这样可以确保球杆头在击球时具有正确的角度和速度。

挥杆面的控制对于球的飞行轨迹至关重要。如果挥杆面开放（朝向目标的右侧），球将向右偏；如果挥杆面关闭（朝向目标的左侧），球将向左偏。因此，球员需要通过调整握杆方式、手臂和肩部的动作来控制挥杆面，从而得到所需的飞行轨迹。

5. 速度与力量

在高尔夫挥杆中，速度和力量是两个不可或缺的要素。速度决定了球飞行的距离，而力量则影响着球飞行的速度和旋转。为了获得理想的速度和力量，球员需要在挥杆过程中充分利用杠杆作用和力量传递原理。

6. 挥杆节奏

球员还需要注意挥杆节奏的掌握。挥杆节奏不仅影响着挥杆的速度和力量，还决定着球员在比赛中的体能消耗和心理状态。因此，球员需要通过大量的练习和训练来掌握适合自己的挥杆节奏。

高尔夫挥杆动作的力学原理涉及身体转动、重心转移、杠杆作用、力量传递、动态平衡、挥杆路径、挥杆面、速度以及力量等多个方面。这些原理相互关联、相互影响，最终共同决定了球员的击球效果。因此，对于想要提升高尔夫技能的球员来说，深入理解并应用这些力学原理是至关重要的。只有通过不断的学习和实践，才能真正掌握高尔夫挥杆动作的精髓，并在比赛中发挥出最佳水平。

二、挥杆动作的生物力学原理

高尔夫挥杆动作是一项要求极高精确性和协调性的运动，其背后的生物力学原理为这项运动提供了科学的解释和指导。生物力学是研究生物体运动和力的学科，它结合了生物学、力学和医学等多个领域的知识，对于高尔夫挥杆动作的分析和优化具有重要的指导意义。

1. 肌肉力量与协调性

高尔夫挥杆动作需要依赖于身体多个肌群的协同工作。在挥杆过程中，核心肌群、背部肌群、肩部肌群、手臂肌群以及腿部肌群等都发挥着重要作用。这些肌群通过收缩和放松产生力量，以驱动球杆。

肌肉协调性是高尔夫挥杆中的另一个关键要素。在挥杆过程中，各个肌群需要密切配合，以实现力量的有效传递和动作的流畅性。例如，在向后挥杆时，背部和肩部的肌肉需要协同工作以保持稳定；而在向前挥杆时，手臂和手腕的肌肉则需要精细协调以控制球杆头的速度和方向。

2. 骨骼结构和关节运动

人体的骨骼结构和关节运动对高尔夫挥杆动作的影响不可忽视。骨骼作为身体的支架，提供了挥杆动作的基础。关节的灵活性和稳定性则直接影响到挥杆的效果。

在高尔夫挥杆中，脊柱的稳定性至关重要。脊柱的稳定不仅有助于保持身体平衡，还能够确保挥杆路径的正确性。此外，肩部和肘部的关节运动也是挥杆过程中的关键。肩部的旋转和肘部的屈伸动作直接影响着球杆的运动轨迹和力量传递。

3. 神经控制

高尔夫挥杆动作需要精确的神经控制。神经系统负责接收和解释来自身体各部位的感觉信息，并发出指令协调肌肉收缩和关节运动。在高尔夫挥杆中，神经控制能够确保身体各部位在正确的时间和角度进行协同工作，以实现最佳的击球效果。

球员需要通过大量的练习和训练来提高神经控制的准确性和反应速度。通过反复练习，神经系统能够逐渐适应挥杆动作的节奏和力量要求，从而实现更加精确和流畅的挥杆。

4. 生物力学优化

生物力学优化是高尔夫挥杆动作中的一个重要环节。通过对挥杆动作的生物力学分析，可以找出球员在挥杆过程中存在的不足之处，进而提出有针对性的改进建议。

生物力学优化可以通过多种方式实现，包括调整身体姿势、改变握杆方式、优化挥杆路径和挥杆面等。这些调整旨在提高挥杆动作的效率、稳定性和准确性，从而帮助球员在比赛中取得更好的成绩。

此外，现代科技手段如运动捕捉系统和生物力学分析软件也为生物力学优化提供了有力支持。这些工具能够精确地记录和分析球员的挥杆动作数据，为教练和球员提供更加客观和科学的反馈和指导。

高尔夫挥杆动作的生物力学原理涉及肌肉力量与协调性、骨骼结构和关节运动、神经控制以及生物力学优化等多个方面。这些原理相互作用、相互影响，共同决定了高尔夫挥杆动作的质量和效果。对于高尔夫球员来说，深入理解并应用这些生物力学原理是提高挥杆技术水平和竞技表现的重要途径。同时，随着科技的不断进步和应用范围的扩大，生物力学原理在高尔夫运动中的研究和应用也将迎来更加广阔的发展前景。

三、挥杆动作的动力链原理

高尔夫挥杆动作是一项复杂的运动技能，其背后隐藏着精细的动力链原理。

动力链是指身体各部位在挥杆过程中相互协作、传递力量的连续系统。在高尔夫挥杆中，动力链的顺畅运作对于实现力量传递、提高挥杆效率以及保持动作稳定性至关重要。

1. 动力链的构成要素

高尔夫挥杆动作的动力链主要包括下肢、躯干、上肢和球杆四个部分。这些部分在挥杆过程中相互关联，形成一个连续的力量传递系统。

（1）下肢。下肢是挥杆动作的基础，通过稳定的站姿和灵活的腿部动作来提供初始力量。在向后挥杆时，腿部肌肉收缩产生力量，通过髋关节传递到躯干和上肢。

（2）躯干。躯干是挥杆动作的核心，通过旋转和转动来传递力量。在挥杆过程中，躯干的稳定性和灵活性至关重要。脊柱的稳定能够保持身体平衡，而胸部的转动则能够产生扭矩，帮助力量更好地传递到上肢和球杆。

（3）上肢。上肢是挥杆动作的执行部分，包括肩部、肘部和手腕等关节。这些关节的协同工作能够实现球杆头的精确控制和力量传递。在向前挥杆时，上肢肌肉收缩产生力量，通过球杆传递到球上。

（4）球杆。球杆是挥杆动作的工具，通过与球接触来实现击球效果。球杆的选择、握杆方式以及挥杆路径等因素都会影响击球效果。

2. 动力链的传递机制

高尔夫挥杆动作的动力链传递机制是一个复杂而精细的过程。在向后挥杆阶段，下肢肌肉收缩产生力量，通过髋关节传递到躯干和上肢。躯干的旋转和转动产生扭矩，进一步将力量传递到上肢。在向前挥杆阶段，上肢肌肉收缩产生力量，通过球杆传递到球上。整个过程中，身体各部位需要保持协调一致，以确保力量的有效传递和击球效果的最大化。

为了实现顺畅的动力链传递，球员需要注意以下几点：

首先，保持身体平衡是挥杆动作的基础。在挥杆过程中，球员需要保持稳定的站姿，确保身体重心在合理范围内移动。避免身体过度摇晃或倾斜，有助于维持下肢的稳定性和力量传递。为了实现身体平衡，球员可以采取一些具体的措施，如调整站姿宽度、保持膝盖微屈、稳定脚踝等。这些都有助于提高身体的稳定性和挥杆效果。

其次，实现躯干的旋转和转动是挥杆动作中的关键。躯干的旋转和转动能够帮助产生扭矩，进而将力量更好地传递到上肢和球杆。在挥杆过程中，球员需要注意胸部的转动和脊柱的稳定性。通过合理地控制躯干的旋转速度和方向，可以实现更好的力量传递和击球效果。此外，球员还需要注重躯干的灵活性和稳定性之间的平衡，以避免因过度扭转或僵硬而影响挥杆效果。

最后，上肢与躯干的协同工作也是挥杆动作中不可忽视的一环。在挥杆过程中，球员需要确保上肢与躯干的动作协调一致，以实现力量的有效传递和控制。这要求球员具备合理的握杆方式和挥杆路径。握杆时，双手应该放松而稳定，确保球杆与手臂之间的连接顺畅。挥杆路径则是指球杆从准备姿势到击球点的运动轨迹，它应该与球员的身体动作相协调，以确保产生最佳的击球效果。

为了实现上肢与躯干的协同工作，球员可以进行一些专门的练习。例如，他们可以在静态姿势下感受躯干的转动和上肢的配合，逐渐熟悉这种协同工作的感觉。此外，他们还可以通过反复练习挥杆动作，逐步提高自己的协调性和控制能力。

除了以上三点外，还有一些注意事项可以帮助球员提高挥杆效果。例如，保持呼吸顺畅和节奏稳定是非常重要的。在挥杆过程中，球员应该学会合理调节呼吸，以确保身体得到充足的氧气。同时，他们还需要保持节奏稳定，避免因为急于求成而影响挥杆质量。

3. 动力链的优化方法

高尔夫挥杆动作的动力链是一个极为复杂且精细的系统，它涉及多个身体部位和肌肉群的协同工作。为了优化这一动力链，球员需要采取一系列措施，从体能训练、技术动作的改进，到精准练习和反馈的获取，每一个环节都至关重要。

首先，体能训练是高尔夫挥杆动作优化的基石。高尔夫挥杆不仅需要强大的上肢力量，更需要下肢和躯干的稳定性和灵活性。球员需要通过系统的体能训练，增强腿部、腰部和背部的肌肉力量，以及提高这些部位之间的协调性。只有当下肢和躯干能够提供稳定且流畅的力量输出时，上肢才能发挥出最大的能量。

其次，技术动作的改进是提高动力链传递效率的关键。高尔夫挥杆动作看似简单，但实际上包含了许多微妙的细节。球员需要通过专业教练的指导，对自己的技术动作进行深入的剖析和改进。比如，挥杆过程中的转身动作、手腕的释放时机等，都会对动力链的传递产生影响。球员需要不断地实践和反思，逐渐找到最适合自己的挥杆方式。

最后，精准练习和及时反馈对于优化动力链也至关重要。球员需要针对动力链中的薄弱环节进行有针对性的练习，通过反复训练，逐渐提高这些环节的表现。同时，借助现代科技手段，如视频分析、生物力学测试等，球员可以更加直观地了解自己的挥杆动作和动力链传递情况，从而及时发现问题并进行调整。这种精准的练习和反馈循环，有助于球员更快地掌握高尔夫挥杆技术的核心要素。

在深入理解高尔夫挥杆动作的动力链原理后，人们会发现，优化动力链不仅仅是为了提高击球效果，更是为了提高整个挥杆过程的流畅性和稳定性。一个优秀的挥杆动作，不仅能够让球飞得更远更直，还能让球员在挥杆过程中感受到身体的和谐与平衡。

在未来的学习和实践中，球员需要不断探索和完善动力链原理的应用。随着科技的不断进步和高尔夫运动理论的发展，人们有望发现更多关于动力链的奥秘和优化方法。同时，球员也需要保持耐心和恒心，通过持续的努力和积累，逐步提高自己的高尔夫运动表现。

总之，优化高尔夫挥杆动作的动力链是一个系统工程，需要球员在体能训练、技术动作改进、精准练习和反馈获取等多个方面下功夫。通过不断的学习和实践，球员可以逐渐掌握高尔夫挥杆技术的核心要素，提高挥杆效率和击球效果，从而在高尔夫运动中获得更好的成绩和体验。

第二章　高尔夫球杆的选择与适配

第一节　球杆的种类与特点

一、铁杆的种类与特点

高尔夫球杆是高尔夫运动中的核心装备。其中，铁杆是高尔夫球员使用频率最高的球杆之一。铁杆的设计旨在帮助球员在各种不同的击球距离和场合下实现精准和有效地击球。铁杆的种类繁多，每种铁杆都有其特点和适用场景。

1. 铁杆的种类

（1）长铁杆。长铁杆通常指一号至三号铁杆，这些球杆的特点是杆身较长，杆面角度较小。长铁杆适用于较长的击球距离，如从球场上的发球台击球到果岭附近的距离。由于杆面角度较小，长铁杆需要球员具备较高的技术水平才能掌握，因为较小的角度需要更精确的挥杆路径和更高的挥杆速度来产生足够的起杆高度和滚动距离。

（2）中铁杆。中铁杆通常指四号至六号铁杆，这些球杆的长度和杆面角度适中，适用于中等距离的击球。中铁杆是大多数球员最常用的球杆之一，因为它们既可以用于较长距离的击球，也可以用于较短距离的击球，具有较高的灵活性和通用性。

（3）短铁杆。短铁杆通常指七号至九号铁杆，这些球杆的特点是杆身较短，杆面角度较大。短铁杆适用于较短的击球距离，如从果岭附近或球道上的较短距离击球。由于杆面角度较大，短铁杆更容易掌握，因为它们可以产生更高的起杆高度和更短的滚动距离，使球员更容易控制球的落点。

除了以上三种常见的铁杆外，还有一些特殊设计的铁杆，如挖角杆和沙坑杆。

挖角杆通常用于接近果岭的击球，其杆面角度较大，可以产生更高的起杆高度和更短的滚动距离，帮助球员更好地控制球的落点。沙坑杆则专门设计用于在沙坑中击球，其杆面通常带有特殊的凹槽或纹理，以增加在沙子上的摩擦力，帮助球员将球从沙坑中击出。

2. 铁杆的特点

（1）杆身长度。不同种类的铁杆具有不同的杆身长度，以适应不同的击球需求和球员的身体条件。较长的杆身可以更好地发挥杠杆作用，帮助球员产生更高的挥杆速度和更长的击球距离；而较短的杆身则更容易掌握，适合技术水平较低的球员或需要更精确控制的击球场合。

（2）杆面角度。杆面角度是指球杆杆面与地面垂直线之间的夹角。不同种类的铁杆具有不同的杆面角度，以适应不同的击球需求和球员的技术水平。较小的杆面角度适合长距离击球，需要球员具备较高的技术水平；而较大的杆面角度则适合短距离击球，更容易掌握。

（3）杆头设计。铁杆的杆头设计也是其特点之一。不同的杆头设计可以提供不同的击球效果和控制性。例如，一些铁杆的杆头设计带有较大的甜蜜点，即击球时感觉最舒适的区域，以提高击球的准确性和一致性。此外，一些高端铁杆还采用先进的材料和技术，如碳纤维复合材料、钛合金等，以减轻杆身重量、提高耐用性和性能。

（4）适用场景。不同种类的铁杆适用于不同的击球距离和场合。长铁杆适合从发球台击球到较远的果岭区域；中铁杆适用于中等距离的击球，既可以用于进攻也可以用于防守；短铁杆则适用于果岭附近的短距离击球和精细控制。特殊设计的铁杆，如挖角杆和沙坑杆则分别适用于接近果岭和沙坑中击球。

高尔夫球杆铁杆的种类繁多，每种铁杆都有其特点和适用场景。球员在选择铁杆时需要根据自己的技术水平、击球需求和身体条件进行综合考虑。同时，随着技术的不断进步和球杆设计的不断创新，未来的铁杆将会更加多样化、个性化和智能化，为球员提供更好的击球体验和竞技表现。

二、木杆的种类与特点

在高尔夫球运动中，木杆作为球杆的重要分类之一，具有其独特的地位和作用。木杆主要用于长距离击球，帮助球员从发球台将球击向远处，或者用于需要较大力量的击球场合。木杆的设计注重力量与准确性的平衡，让球员能够发挥出最大的潜能。

1. 木杆的种类

（1）驱动杆。驱动杆是木杆中杆身最长、杆面角度最小的一种。它的主要作用是从发球台击球，以获取尽可能远的距离。驱动杆的杆面设计通常较为平坦，以产生较低的起飞角度和较长的滚动距离。对于高水平球员来说，驱动杆是他们获取高分和赢得比赛的关键武器之一。

（2）三号木杆。三号木杆是介于驱动杆和铁杆之间的一种球杆。它的杆身长度和杆面角度适中，既可以用于从发球台击球，也可以用于球道上的较长距离击球。三号木杆的起飞角度和滚动距离介于驱动杆和四号铁杆之间，是一种非常实用的球杆。

（3）四号木杆。四号木杆是木杆中杆身较短、杆面角度较大的一种。它的主要作用是在球道上击球，以获取中等到较长的距离。四号木杆的起飞角度较高，滚动距离较短，适合在需要较高弧线飞行的场合使用。

（4）五号木杆和六号木杆。五号木杆和六号木杆在现代高尔夫球杆中并不常见，但在一些特殊场合仍会使用。它们的杆身更短，杆面角度更大，适合在需要更高弧线飞行的击球场合使用。这些木杆通常用于接近果岭的击球或者在特殊地形上的击球。

2. 木杆的特点

（1）杆身长度。木杆的杆身长度通常较长，这有助于球员在击球时产生更大的力量。较长的杆身能够更好地发挥杠杆作用，使得球员能够更容易地挥动球杆，并产生更高的球速和更远的击球距离。

（2）杆面角度。木杆的杆面角度相对较小，这有助于产生较低的起飞角度和更长的滚动距离。较小的杆面角度使得球在离开球杆时具有更大的水平速度分量，从而实现更远的飞行距离。然而，这也需要球员具备较高的技术水平，以准确掌握击球点和挥杆路径。

（3）杆头设计。木杆的杆头通常采用较轻的材料，如碳纤维复合材料或钛合金等，以减轻整个球杆的重量。较轻的杆头可以使得球员在挥杆时更加轻松自如，减少疲劳感。此外，一些木杆的杆头还采用特殊形状和结构设计，以提高击球的准确性和稳定性。

（4）弹性与柔韧性。木杆的杆身通常具有较好的弹性和柔韧性，这有助于球员在击球时更好地控制球的方向和弧线。当球员挥动球杆时，杆身的弹性和柔韧性可以吸收部分力量并转化为球的动能，使得球能够以更高的速度和更稳定的轨迹飞行。

（5）适用场景。木杆主要适用于长距离击球和需要较大力量的击球场合。在发球台上，驱动杆是球员的主要武器之一，用于获取尽可能远的距离。而在球道上，三号木杆和四号木杆则可以帮助球员更好地控制球的落点和方向。此外，在特殊地形或需要高弧线飞行的击球场合中，五号木杆和六号木杆也可以发挥重要作用。

总之，高尔夫球杆木杆的种类繁多，每种木杆都有其特点和适用场景。球员在选择木杆时需要根据自己的技术水平、击球需求和身体条件进行综合考虑。同时，随着技术的不断进步和球杆设计的不断创新，未来的木杆将会更加多样化、个性化和智能化，为球员提供更好的击球体验和竞技表现。

三、挖角杆的种类与特点

在高尔夫球的运动中，挖角杆是至关重要的球杆之一，它在不同的击球场景中发挥着不可或缺的作用。挖角杆主要用于在球场上处理各种复杂地形和短距离击球。

1. 挖角杆的种类

挖角杆，根据其杆面角度的不同，可以分为多种类型，如七号铁杆、八号铁杆、九号铁杆、劈杆和沙坑杆等。每种挖角杆都有其特定的应用场景。

（1）七号铁杆至九号铁杆。这些挖角杆主要用于中短距离的击球，例如在球道上击球至果岭附近，或者在果岭周围进行精准地控制击球。随着号码的增加，杆面角度逐渐增大，击球的弧线也会逐渐增高。

（2）劈杆。劈杆通常用于从较远的距离击球至果岭，或者在果岭周围的半长草区域进行击球。由于其杆面角度适中，既能够产生一定的弧线，又能够保持一定的滚动距离。

（3）沙坑杆。沙坑杆是专门设计用于从沙坑中击球的挖角杆。其杆面角度较大，能够产生较高的弧线，帮助球从沙坑中飞出并落在果岭上。

2. 挖角杆的特点

挖角杆的主要特点是杆面角度较大，在击球时能够产生较高的弧线，帮助球更容易地越过障碍物或落在目标区域。同时，挖角杆的杆身通常较短并且重量较轻，这使得球员在击球时能够更加灵活和精确地控制球的方向和距离。

此外，挖角杆在设计和材料上也不断创新。现代挖角杆通常采用碳纤维、钛合金等轻质材料，以减轻球杆的重量并提高挥杆速度。同时，一些高端挖角杆还配备了先进的科技，如智能传感器、可调节的杆身长度和杆面角度等，以满足不同球员的需求和偏好。

四、推杆的种类与特点

在高尔夫球的运动中，推杆是至关重要的球杆之一，它在不同的击球场景中发挥着不可或缺的作用。推杆是球员在果岭上将球精准地推进洞口的关键工具。

1. 推杆的种类

推杆根据其形状和设计可以分为多种类型，如刀片式推杆、杵式推杆和马蹄式推杆等。每种推杆都有其特点和适用场景。

（1）刀片式推杆。刀片式推杆具有较薄的杆头，这使得球员在击球时能够更加精确地控制球的路线和速度。适合那些追求精确度和控制力的球员。

（2）杵式推杆。杵式推杆的杆头较大，形状类似于一个锤头，这使得球员在击球时能够产生更大的力量。适合那些需要更大力量来推动球的球员。

（3）马蹄式推杆。马蹄式推杆的杆头形状类似于一个马蹄，这种设计有助于球员在击球时产生更稳定的弧线。适合那些希望在推杆时保持一致的球路的球员。

2. 推杆的特点

推杆的主要特点是杆面非常平坦，这使得球员在果岭上推球时能够产生非常小的弧线，从而更容易地将球推进洞口。此外，推杆的重量和平衡性也是非常重要的因素，这些因素将直接影响球员在推杆时的手感和准确性。

在设计和材料方面，现代推杆同样不断创新。许多推杆采用轻质材料以减少重量，提高挥杆速度。同时，一些推杆还配备了可调节的杆身长度和平衡重量，以满足不同球员的需求和偏好。

此外，选择推杆时还需要考虑球员的个人风格和击球偏好。例如，一些球员可能更喜欢使用具有较大甜区的推杆，以便在击球时产生更大的容错性；而另一些球员则可能更喜欢使用具有较小甜区的推杆，以便在击球时获得更高的精确度。

总之，挖角杆与推杆在高尔夫球运动中扮演着不可或缺的角色。它们各自具有独特的特点和适用场景，需要球员根据自己的技术水平和实际需求进行选择和使用。同时，随着科技的不断进步和球杆设计的不断创新，未来的挖角杆与推杆将会更加多样化、个性化和智能化，为球员提供更好的击球体验和竞技表现。

第二节　如何选择合适的球杆

一、根据个人技术水平选择球杆

高尔夫球是一项对技术要求极高的运动，每一位球员的技术水平、身体条件、打球风格等都会影响到他们在球场上的表现。而高尔夫球杆作为球员与球之间的桥梁，其选择对于提高球技和比赛成绩具有至关重要的作用。因此，根据个人技术水平来选择合适的高尔夫球杆是每个球员都应该重视的问题。

1. 初学者：选择简单易上手的球杆

对于初学者来说，他们的技术水平相对较低，对高尔夫球杆的了解也相对较少。因此，在选择高尔夫球杆时，初学者应该注重球杆的简单易上手性。具体来说，初学者可以选择一些杆面较大、重心较低、挥重较轻的球杆，如大杆面挖角杆和推杆。

大杆面挖角杆能够帮助初学者更容易地击中球，产生一定的弧线，使球更容易地落在目标区域。同时，由于重心较低，挥重较轻，这种球杆也更适合初学者的挥杆速度和力量。而推杆则是初学者在果岭上练习推球、提高精确度的必备工具。

2. 中级球员：注重球杆的多样性和灵活性

当中级球员的技术水平逐渐提高后，他们开始需要面对各种不同的球场条件和击球场景。因此，中级球员在选择高尔夫球杆时，应该注重球杆的多样性和灵活性。他们可以选择一套包含不同杆面角度和长度的挖角杆，以适应不同的击球需求。同时，中级球员还可以考虑选择一些具有可调节功能的球杆，如可调节杆身长度的铁杆和推杆。

可调节杆身长度的铁杆可以帮助中级球员根据不同的球场条件和击球需求调整杆身长度和杆面角度，以获得最佳的击球效果。而可调节推杆则可以让中级球员根据不同的果岭坡度和球位调整推杆的杆面角度和力度，提高推球的精确度和稳定性。

3. 高级球员：追求球杆的性能和个性化

对于高级球员来说，他们的技术水平已经相当高超，对高尔夫球杆的要求也更为苛刻。高级球员在选择高尔夫球杆时，应该注重球杆的性能和个性化。他们可以选择一些高性能的球杆，如碳纤维材质的轻量化铁杆、钛合金材质的高强度挖角杆等。这些高性能球杆通常具有更好的弹性、更高的挥杆速度和更长的使用寿命，能够为高级球员提供更好的击球体验和更高的比赛成绩。

高级球员还可以根据自己的打球风格和偏好，选择具有个性化设计的球杆。例如，一些高级球员可能更喜欢使用具有较大甜区的球杆，以便在击球时产生更大的容错性；而另一些高级球员则可能更喜欢使用具有较小甜区的球杆，以便在击球时获得更高的精确度。

4. 职业球员：精益求精，选择顶级球杆

对于职业球员来说，他们的技术水平已经达到了巅峰状态，对高尔夫球杆的要求也达到了极致。职业球员在选择高尔夫球杆时，通常会选择顶级品牌的球杆，

如泰勒梅、卡拉威、尼克劳斯等。这些顶级品牌的球杆通常采用了最先进的科技和设计理念，具有极高的性能、稳定性和耐用性。

职业球员还会根据自己的身体状况、打球风格和比赛需求，定制专属的高尔夫球杆。这些定制球杆不仅符合职业球员的个人喜好和习惯，还能够在关键时刻为他们提供最佳的击球效果和比赛成绩。

二、根据个人体型与身体条件选择球杆

高尔夫球是一项需要精细技巧和高度个性化的运动。在选择高尔夫球杆时，除了考虑技术水平外，个人的体型和身体条件也是至关重要的因素。不同的体型和身体状况会对挥杆动作、力量传递和击球效果产生直接影响。因此，根据个人体型与身体条件选择高尔夫球杆，不仅有助于提高球技，还能预防运动伤害，让球员在享受高尔夫运动的乐趣中保持健康。

1. 身体高度与体重

身体高度和体重是选择高尔夫球杆时需要考虑的基本因素。一般来说，身材高大的球员适合选择较长的球杆，而身材较矮的球员则适合选择较短的球杆。较长的球杆可以提供更大的击球距离，但也需要更多的力量和控制能力。较短的球杆则更容易操控，适合技术水平较低的球员或需要更精细控制的场景。

体重也是一个需要考虑的因素。较重的球员可能需要选择更坚固、更重的球杆，以承受更大的挥杆力量。而较轻的球员则可以选择较轻的球杆，以减少挥杆时的负担，提高挥杆速度。

2. 身体柔韧性与力量

身体柔韧性和力量对选择高尔夫球杆也有重要影响。柔韧性好的球员可以在挥杆时产生更流畅的动作，减少能量的损失。他们可以选择一些较轻、较灵活的球杆，以更好地发挥技术的威力。相反，柔韧性较差的球员可能需要选择更坚固、更稳定的球杆，以补偿挥杆动作中的不足。

力量也是选择球杆时需要考虑的因素。力量较强的球员可以选择较重的球杆，以更好地将力量传递到球上。而力量较弱的球员则可以选择较轻的球杆，以减少挥杆时的负担，提高击球的准确性。

3. 挥杆速度与节奏

挥杆速度和节奏是个人技术的重要组成部分，也是选择高尔夫球杆时需要考虑的关键因素。挥杆速度较快的球员需要选择较轻、较灵活的球杆，以匹配他们的快速挥杆动作。较轻的球杆可以减少空气阻力，提高挥杆速度，从而增加击球距离。

相反，挥杆速度较慢的球员可以选择较重、较稳定的球杆。因为较重的球杆可以提供更大的惯性，帮助球员在挥杆过程中保持稳定的动作，提高击球的准确性。

挥杆节奏也是选择球杆时需要考虑的因素。一些球员可能具有较快的挥杆节奏，他们需要选择能够快速响应的球杆，以确保击球时杆头与球之间的良好接触。而挥杆节奏较慢的球员则可以选择更具弹性的球杆，以更好地吸收挥杆过程中的力量，并在击球时产生更好的效果。

4. 体型与姿势

体型和姿势对高尔夫球杆的选择也有一定影响。一些球员可能具有较宽的肩膀和较宽的站立姿势，他们可能需要选择较宽的球杆，以更好地适应他们的体型和姿势。较宽的球杆可以提供更稳定的支撑，帮助球员在挥杆过程中保持平衡和稳定。

相反，体型较瘦或站立姿势较窄的球员可以选择较窄的球杆。较窄的球杆可以减少不必要的挥杆动作和力量损失，提高击球的准确性和效率。

5. 个人偏好与舒适度

个人偏好和舒适度也是选择高尔夫球杆时不可忽视的因素。每个球员都有自己的打球风格和喜好，一些球员可能更喜欢使用较长的球杆来追求更大的击球距离，而另一些球员则可能更喜欢使用较短的球杆来追求更高的控制性和准确性。

此外，舒适度也是选择球杆时需要考虑的因素。一些球员可能对某种材质的球杆握把更感兴趣，或者对某种重量的球杆感觉更舒适。选择符合个人偏好和舒适度的球杆，可以让球员在打球过程中更加自信和舒适，从而提高比赛成绩和享受高尔夫运动的乐趣。

根据个人体型与身体条件选择高尔夫球杆是一个综合考虑的过程。球员需要考虑身体高度、体重、柔韧性与力量、挥杆速度与节奏、体型与姿势以及个人偏好与舒适度等因素。通过选择适合自己的球杆，球员可以更好地发挥技术水平、提高比赛成绩，并享受高尔夫运动带来的乐趣和挑战。

三、根据球场条件与比赛要求选择球杆

在高尔夫运动中，球杆的选择不仅取决于个人的体型和身体条件，更与球场条件和比赛要求紧密相关。不同的球场环境和比赛情境要求球员使用不同类型的球杆，以达到最佳的击球效果和策略布局。

1. 球场类型与草皮状况

球场的类型对球杆的选择具有重要影响。常见的球场类型包括草地球场、林克斯球场和人工草皮球场。草地球场通常分为草坪球场和公园球场，其草皮状况对球杆的选择有直接影响。在草坪球场上，草皮较为整洁，球员可以选择使用较硬的球杆，如铁杆和混合杆，以获取更精确的击球效果。而在公园球场上，草皮可能较为粗糙，球员可能需要选择更具弹性的球杆，如木杆，以应对不规则的草皮表面。

林克斯球场以沙滩和草地的交替地带为特点，球员需要应对风力和地形变化。在这种情况下，球员可以选择较轻、较灵活的球杆，以便更好地控制球路和应对风力影响。

人工草皮球场则相对较为统一，球员可以根据草皮的具体状况选择适合的球杆。一般来说，人工草皮球场上的球杆选择更注重精确性和稳定性。

2. 球场难度与球洞布局

球场的难度和球洞布局是选择球杆时需要考虑的因素。难度较高的球场往往具有更多的障碍和不规则地形，球员需要选择更具适应性的球杆，如混合杆和挖角杆，以应对各种击球挑战。在这些球场上，球员还需要考虑使用不同类型的球杆组合，以更好地掌握球场布局和击球策略。

相比之下，难度较低的球场通常较为平坦，球洞之间的距离也相对较近。在这种情况下，球员可以选择使用较长的球杆，如长铁杆和木杆，以追求更远的击球距离和更高的得分。

3. 天气与风向

天气和风向对高尔夫球杆的选择有重要影响。在风力较大的情况下，球员需要选择较轻、较灵活的球杆，以减少风阻并提高击球的稳定性。同时，球员还需要根据风向调整球杆的角度和击球力度，以应对风力的影响。

在雨天或湿度较高的天气中，球皮可能会变得湿润，球员需要选择更具控制性的球杆，如短铁杆和挖角杆，以应对湿滑的球皮和可能的滚动。

4. 比赛类型与竞争环境

不同类型的比赛对球杆有不同的要求。在正式比赛中，球员需要根据比赛规则和要求选择合适的球杆组合。例如，在一些比赛中，球员可能只能携带一定数量的球杆，因此需要在精确性、稳定性和击球距离之间做出权衡。

此外，竞争环境也是选择球杆时需要考虑的因素。在与高水平球员竞争时，球员可能需要选择更具精确性和稳定性的球杆，以在技术和策略上占据优势。而在与其他水平较低的球员竞争时，球员可能需要选择更具攻击性的球杆，以追求更高的得分和更好的成绩。

5. 个人技能与偏好

个人的技能和偏好也是选择高尔夫球杆时不可忽视的因素。每个球员都有自己的技术特点和击球风格，需要根据自己的技能水平和偏好来选择合适的球杆。例如，一些球员可能擅长使用长铁杆和木杆追求远距离击球，而另一些球员则可能更擅长使用短铁杆和挖角杆进行精确控制。

此外，球员还需要考虑自己的心理偏好和信心水平。使用熟悉的球杆可以让球员在比赛中更加自信和放松，从而发挥出更好的水平。因此，在选择球杆时，球员需要根据自己的技能和偏好选择最适合自己的球杆组合。

根据球场条件与比赛要求选择高尔夫球杆是一个复杂而重要的过程。球员需要考虑球场类型、草皮状况、球场难度、天气与风向、比赛类型与竞争环境以及个人技能与偏好等多个因素。通过综合考虑这些因素，球员可以选择出最适合自己的球杆组合，提高击球效果、比赛成绩和享受高尔夫运动的乐趣。

第三节　球杆适配性评估方法

一、球杆长度与重量的适配性评估

在高尔夫运动中，球杆是球员的重要装备之一，其长度和重量的适配性对球员的击球效果、身体负担以及比赛表现具有重要影响。不合适的球杆长度和重量可能导致击球不准确、身体疲劳甚至受伤，进而影响球员的比赛成绩和长期健康发展。因此，对高尔夫球杆长度与重量的适配性进行评估至关重要。

1. 球杆长度与身高、体型的适配性

球杆长度是影响球杆适配性的关键因素之一。选择合适的球杆长度，需要根据个人的身高、体型和挥杆习惯进行综合考虑。一般来说，球杆长度应该与球员的身高相匹配，以保证挥杆时的自然和舒适。如果球杆过长，可能导致球员在挥杆时身体过度伸展，影响击球力量和准确性；而球杆过短则可能导致球员在挥杆时身体过度弯曲，增加身体负担和受伤风险。

在评估球杆长度与身高、体型的适配性时，可以采用以下方法：首先，测量球员的身高和臂长，以确定基本的球杆长度范围；其次，根据球员的挥杆习惯和体型特点进行微调。例如，身材高大的球员可以选择稍长一些的球杆，以保持挥杆时的自然伸展；而身材较矮的球员则可以选择稍短一些的球杆，以减少身体负担和提高击球准确性。

2. 球杆重量与挥杆力量、肌肉力量的适配性

球杆重量也是影响球杆适配性的重要因素之一。合适的球杆重量应该与球员的挥杆力量和肌肉力量相匹配，以保证挥杆的稳定性和准确性。如果球杆过重，可能导致球员在挥杆时感到吃力，影响击球力量和一致性；而球杆过轻则可能导致球员在挥杆时缺乏控制力，影响击球准确性。

在评估球杆重量与挥杆力量、肌肉力量的适配性时，可以考虑以下因素：首先，球员的挥杆力量水平。力量较强的球员可以选择稍重一些的球杆，以更好地控制击球力量和方向；而力量较弱的球员则可以选择稍轻一些的球杆，以减少身

体负担和提高击球准确性。其次，球员的肌肉力量特点。一些球员可能具有较强的爆发力和耐力，而另一些球员则可能更注重细腻的技术和手感。因此，在选择球杆重量时，需要根据个人的肌肉力量特点进行综合考虑。

3. 球杆平衡点的适配性

除了长度和重量外，球杆的平衡点也是影响适配性的重要因素之一。平衡点指的是球杆在静止状态下重心所在的位置。合适的平衡点可以帮助球员更好地控制球杆，提高击球的稳定性和准确性。

在评估球杆平衡点的适配性时，需要考虑个人的挥杆特点和偏好。例如，一些球员可能更喜欢在挥杆时感受到球头的重量，以更好地控制击球力量和方向；而另一些球员则可能更注重球杆的整体平衡感，以追求更流畅、更自然的挥杆动作。因此，在选择球杆时，需要根据个人的挥杆特点和偏好来选择合适的平衡点。

4. 适配性评估的实践方法

为了更准确地评估高尔夫球杆长度与重量的适配性，可以采取以下实践方法：首先，前往专业的高尔夫球场或体育用品店，在专业人士的指导下进行试打。通过实际挥杆和击球，感受不同长度和重量的球杆对身体负担和击球效果的影响，从而找到最适合自己的球杆。其次，参考其他球员的经验和建议。可以向其他球员咨询他们在选择球杆长度和重量时的经验和建议，了解不同身高、体型和挥杆习惯的球员通常选择什么样的球杆。此外，还可以参考专业高尔夫教练的意见和建议。教练可以根据个人的技术水平和身体条件，为球员提供更具体、更专业的球杆适配性建议。

高尔夫球杆长度与重量的适配性评估是一个复杂而重要的过程。球员需要综合考虑个人的身高、体型、挥杆力量、肌肉力量以及挥杆特点等因素，以找到最适合自己的球杆。通过选择合适的球杆长度和重量，球员可以提高击球的准确性、稳定性和一致性，减少身体负担和受伤风险，从而取得更好的比赛成绩和长期健康发展。因此，每个球员都应该认真对待球杆适配性评估这一环节，选择最适合自己的球杆组合。

二、球杆平衡点的适配性评估

在高尔夫球运动中，球杆的平衡点是一个至关重要的因素，它直接影响到球员的挥杆稳定性、击球准确性和身体负担。不同的球员因为挥杆风格、力量水平和身体结构的不同，对于球杆平衡点的需求也有所差异。因此，正确评估高尔夫球杆平衡点的适配性，对于每位球员来说都是至关重要的。

1. 球杆平衡点与挥杆稳定性的关系

球杆的平衡点是指球杆在静止状态下重心所在的位置。平衡点的位置会影响到球员在挥杆过程中的手感、力量传递以及稳定性。如果平衡点过于靠近球头，那么在挥杆时球员可能会感到头重脚轻，导致挥杆不稳定，影响击球效果。相反，如果平衡点过于靠近握把，球员可能会觉得挥杆时缺乏力量，难以控制球杆。

因此，在选择球杆时，球员应该根据自己的挥杆稳定性和偏好来选择合适的平衡点。对于挥杆稳定性较差的球员，可以选择平衡点稍靠近握把的球杆，这样可以帮助他们更好地控制球杆，提高挥杆的稳定性。而对于挥杆稳定性较好的球员，则可以选择平衡点稍靠近球头的球杆，以便更好地利用球头的重量来传递力量。

2. 球杆平衡点与击球准确性的关系

球杆的平衡点不仅影响挥杆的稳定性，还会对击球准确性产生直接影响。当球员使用平衡点合适的球杆时，可以更好地感受到球头的重量和力量传递，从而更加准确地控制击球的方向和力量。

对于追求击球准确性的球员来说，平衡点适中的球杆是一个不错的选择。这样的球杆可以在挥杆过程中提供稳定的支撑，帮助球员更好地控制击球的力量和方向。同时，适中的平衡点也可以减少球员在挥杆时的手部疲劳，提高击球的持久性。

3. 球杆平衡点与身体负担的关系

球杆的平衡点还会对球员的身体负担产生影响。如果球杆平衡点过于极端，无论是过于靠近球头还是过于靠近握把，都可能导致球员在挥杆过程中承受不必要的身体负担，增加受伤的风险。

对于力量较小或身体柔韧性较差的球员来说，选择平衡点适中的球杆可以减轻身体负担，降低受伤的风险。而对于力量较大或身体柔韧性较好的球员来说，则可以选择平衡点稍偏离的球杆，以更好地发挥个人的力量优势。

4. 如何评估球杆平衡点的适配性

要评估球杆平衡点的适配性，球员可以通过以下几个方面来进行考虑：

（1）挥杆风格。球员应该考虑自己的挥杆风格是偏向力量型还是技巧型。力量型球员可能需要平衡点稍靠近球头的球杆来更好地传递力量；而技巧型球员则可能需要平衡点稍靠近握把的球杆来提高挥杆的稳定性。

（2）身体条件。球员的身高、体重、力量水平和身体柔韧性等身体条件也会对球杆平衡点的选择产生影响。球员应该根据自己的身体条件来选择合适的平衡点，以减轻身体负担并提高击球效果。

（3）试打体验。球员可以在专业的高尔夫球场或体育用品店进行试打，通过实际挥杆和击球来感受不同平衡点的球杆对身体负担和击球效果的影响。试打体验是评估球杆平衡点适配性的最直接方式。

（4）咨询专家。高尔夫教练或专业人士可以根据球员的技术水平和身体条件来提供关于球杆平衡点选择更具体、更专业的建议。

高尔夫球杆平衡点的适配性评估是一个复杂而重要的过程。球员需要综合考虑自己的挥杆风格、身体条件以及试打体验等因素，以找到最适合自己的平衡点。通过选择合适的平衡点，球员可以提高挥杆的稳定性、击球准确性，减轻身体负担，从而取得更好的比赛成绩和长期健康发展。因此，每位球员都应该认真对待球杆平衡点适配性评估这一环节，选择最适合自己的球杆平衡点。

三、球杆灵活度的适配性评估

在高尔夫球运动中，球杆的灵活度是一个至关重要的因素，它直接影响到球员的挥杆效果、击球距离和准确性。不同的球员因为技术水平、身体条件和个人偏好的不同，对于球杆灵活度的需求也有所差异。因此，正确评估高尔夫球杆灵活度的适配性，对于每位球员来说都是非常重要的。

1. 球杆灵活度与挥杆效果的关系

球杆的灵活度是指球杆在受到力量作用时弯曲的程度。灵活度高的球杆在挥杆过程中更容易弯曲，从而帮助球员更好地控制球的轨迹和旋转。而灵活度低的球杆则更加坚硬，更适合那些需要更多力量传递的球员。

对于初学者和技术水平较低的球员来说，选择灵活度较高的球杆可能更为合适。这样的球杆可以帮助他们更好地感受到挥杆时的力量传递和球的轨迹变化，从而提高挥杆效果。而对于技术水平较高的球员来说，他们可能更需要灵活度较低的球杆来更好地控制击球的力量和方向。

2. 球杆灵活度与击球距离的关系

球杆的灵活度也会对击球距离产生影响。一般来说，灵活度较高的球杆可以提供更大的杆面角度变化，从而帮助球员打出更远的球。这是因为灵活度高的球杆可以更好地将球员的力量转化为杆面角度的变化，从而增加球的旋转和升力，使球飞得更远。

然而，这并不意味着所有球员都应该选择灵活度最高的球杆。对于某些球员来说，灵活度过高的球杆可能导致他们在挥杆过程中失去对球的控制，从而影响击球效果。因此，在选择球杆时，球员需要根据自己的技术水平和身体条件来找到最适合自己的灵活度。

3. 球杆灵活度与击球准确性的关系

除了挥杆效果和击球距离外，球杆的灵活度还会对击球准确性产生影响。灵活度适中的球杆可以帮助球员更好地控制击球的方向和力量，从而提高击球的准确性。这是因为这样的球杆可以在挥杆过程中提供稳定的支撑，减少杆面角度的变化，使球员更容易保持击球的稳定性。

对于追求击球准确性的球员来说，灵活度适中的球杆是一个不错的选择。这样的球杆可以在提供足够力量传递的同时，保持对球的控制，使球员能够更准确地击中目标。

4. 如何评估球杆灵活度的适配性

评估高尔夫球杆灵活度的适配性对于每位球员来说都是一个至关重要的环节。选择合适的球杆灵活度不仅可以提高挥杆效果、增加击球距离，还能帮助球员更好地控制击球的力量和方向，从而提高比赛成绩。为了实现这一目标，球员可以从以下几个方面进行综合考虑：

首先，技术水平是决定球杆灵活度选择的关键因素。对于初学者和技术水平较低的球员来说，灵活度较高的球杆可能是更明智的选择。这样的球杆能够更好地帮助他们在挥杆过程中实现力量的传递和击球的准确性。而技术水平较高的球员可能更倾向于选择灵活度较低的球杆，因为这样的球杆能够提供更好的控制力，帮助他们更准确地击球并达到理想的距离。

其次，球员的身体条件也是影响球杆灵活度选择的重要因素。身高、体型、肌肉力量以及身体柔韧性等因素都会对球杆的选择产生影响。例如，身高较高的球员可能需要更长、更灵活的球杆来适应他们的挥杆动作，而身体柔韧性较差的球员则需要选择灵活度较低的球杆，以减少挥杆过程中的压力并避免受伤。

再次，试打体验是评估球杆灵活度适配性的最直接方式。球员可以在专业的高尔夫球场或体育用品店进行试打，通过实际挥杆和击球来感受不同灵活度的球杆对身体负担和击球效果的影响。在试打过程中，球员可以关注自己的挥杆动作是否流畅、力量传递是否顺畅以及击球效果是否理想等方面。通过对比不同灵活度的球杆，球员可以更加清晰地了解哪种灵活度的球杆最适合自己的技术水平和身体条件。

最后，咨询专家也是评估球杆灵活度适配性的重要途径。高尔夫教练或专业人士可以根据球员的技术水平和身体条件来提供更具体、更专业的建议。他们可以根据球员的实际情况，推荐适合的球杆类型和灵活度，并帮助球员更好地理解和掌握高尔夫挥杆技巧。通过与专家的交流和讨论，球员可以更加全面地了解球杆灵活度适配性的相关知识，从而做出更加明智的选择。

评估高尔夫球杆灵活度的适配性是一个复杂而重要的过程。球员需要综合考虑自己的技术水平、身体条件以及试打体验等因素，以找到最适合自己的灵活度。通过选择合适的灵活度，球员可以提高挥杆效果、增加击球距离并提高击球准确性，从而取得更好的比赛成绩和长期健康发展。因此，每位球员都应该认真对待球杆灵活度适配性评估这一环节，选择最适合自己的球杆灵活度。同时，球员也应该保持开放的心态和积极的态度，不断学习和探索高尔夫运动的奥秘，为自己的高尔夫之旅带来更多的乐趣和挑战。

第三章　基础挥杆动作分析

第一节　握杆方式与手部动作

一、正确的握杆方式

高尔夫运动作为一项优雅的绅士运动,不仅要求球员具备高超的技术和策略,更要求他们在细节上追求完美。握杆作为高尔夫运动中最基础且至关重要的一环,对于球员的发挥起着决定性的作用。正确的握杆方式不仅能够帮助球员更好地控制球杆,提高击球的准确性和稳定性,还能够预防手部和腕部的损伤,为球员的长期发展奠定坚实的基础。

1.高尔夫握杆的基本原则

高尔夫握杆的基本原则可以概括为"舒适、稳定、可控"。首先,握杆要舒适,这意味着球员应该根据自己的手型和手感来选择合适的握杆方式,避免握得过紧或过松。其次,握杆要稳定,这要求球员在握杆时保持手部和腕部的稳定,避免在挥杆过程中产生不必要的晃动。最后,握杆要可控,即球员应该能够通过握杆来精确控制球杆的方向和力度,实现精准击球。

2.常见的高尔夫握杆方式

(1)重叠式握杆。这种握杆方式适用于那些手掌较大、手指较长的球员。在重叠式握杆中,左手的小指和无名指叠放在右手的食指和中指之上,形成一个稳固的握杆结构。这种握杆方式能够提供较好的力量传递和控制力,但需要注意保持手部和腕部的稳定。

(2)交叉式握杆。对于手掌较小、手指较短的球员来说,交叉式握杆可能是更好的选择。在交叉式握杆中,左手的小指和无名指交叉在右手的食指和中指之间，形成一个更加紧密的握杆结构。这种握杆方式能够提供更好的稳定性和控制力，但需要注意避免过度用力导致手部疲劳。

（3）十指式握杆。十指式握杆是一种较为简单和自然的握杆方式，适用于各种手型和手掌大小的球员。在这种握杆方式中，双手的十个指头都紧贴在球杆上，形成一个稳固的握杆结构。这种握杆方式能够提供较好的舒适性和稳定性，但需要注意避免握得过紧影响挥杆动作。

3. 握杆的关键要素

（1）手掌位置。握杆时，手掌应该放置在球杆的正后方，与球杆呈垂直状态。手掌的位置过于靠前或靠后都会影响挥杆的稳定性和力量传递。

（2）手指分布。在握杆时，手指应该均匀分布在球杆上，避免某些手指过于用力或过于松弛。特别是拇指和食指，它们应该轻轻夹住球杆，为挥杆提供稳定的支撑。

（3）手腕动作。握杆时，手腕应该保持相对静止，避免在挥杆过程中产生过多的晃动或扭曲。过多的手腕动作会破坏挥杆的平衡性，影响击球的准确性和稳定性。

4. 如何调整和优化握杆方式

（1）自我评估。球员应该经常自我评估握杆方式是否合适。如果发现握杆过紧、过松或者手部出现不适，就应该及时调整。

（2）寻求专业指导。对于初学者或者想要进一步提高技术的球员来说，寻求专业的高尔夫教练的指导是非常重要的。教练不仅可以帮助球员找到最适合自己的握杆方式，还可以纠正不良的习惯和动作。

（3）持续练习。正确的握杆方式需要球员通过大量的练习来巩固和提高。在练习过程中，球员应该始终保持耐心和专注，逐步提高自己的技术水平和比赛成绩。

5. 握杆方式与挥杆动作的关系

握杆方式是挥杆动作的基础，二者之间密切相关。正确的握杆方式能够为挥杆动作提供稳定的支撑和控制力，使球员能够更加自如地挥动球杆，实现精准击球。同时，挥杆动作也会反过来影响握杆方式。如果挥杆动作不规范或者存在缺陷，就会导致握杆方式出现问题，进而影响球员的发挥。

6. 握杆方式对于球员长期发展的影响

正确的握杆方式不仅能够提高球员的技术水平，还能够预防手部和腕部的损伤，为球员的长期发展奠定坚实的基础。如果握杆方式不正确或者存在不良习惯，就会导致手部和腕部的负担过重，容易引发损伤和疼痛。这不仅会影响球员的比赛成绩和训练效果，还可能对球员的职业生涯造成不可逆转的影响。

高尔夫正确的握杆方式对于球员的发挥和长期发展具有至关重要的作用。球员应该根据自己的手型、手感和技术水平来选择合适的握杆方式，并通过不断练习和调整来优化和完善自己的握杆技术。同时，球员还应该注重挥杆动作与握杆方式的协调配合，以实现更加精准和稳定的击球效果。只有这样，球员才能在高尔夫这项优雅的绅士运动中取得更好的成绩和享受更多的乐趣。

二、手部动作与挥杆力量的传递

在高尔夫运动中，手部动作与挥杆力量的传递至关重要。手部的灵活性和力量控制直接影响着挥杆的稳定性和击球的准确性。流畅而精准的手部动作能够将身体的力量有效地传递到球杆上，从而实现理想的击球效果。因此，对于高尔夫爱好者来说，理解和掌握高尔夫手部动作与挥杆力量的传递是提升技术水平的关键。

1. 高尔夫手部动作的基本构成

高尔夫手部动作主要包括握杆、手臂和手腕的协同运动。握杆是整个手部动作的基础，它决定了球杆与手部的连接方式和力量传递的效率。手臂负责在挥杆过程中稳定地控制球杆的方向和轨迹。而手腕的灵活性和力量控制则是实现精准击球的关键。在挥杆过程中，手腕需要适时地翻转和释放，以将身体的力量传递给球杆，并控制球杆的速度和方向。

2. 挥杆力量的传递过程

挥杆力量的传递是一个从身体到球杆的连续传递过程。在准备姿势时，球员需要保持身体的平衡和稳定，为后续的挥杆动作做好准备。随着身体的转动和重心的转移，球员需要将力量从腿部传递到腰部，再通过肩部和手臂传递到球杆上。

在这个过程中，手部的动作起着至关重要的作用。手部的稳定性和灵活性能够确保力量的顺畅传递，避免力量的损失和浪费。

3. 手部动作对挥杆力量的影响

手部动作对挥杆力量的传递有着直接的影响。首先，握杆的松紧程度会影响力量的传递效率。握杆过紧会导致手部肌肉过度紧张，影响力量的顺畅传递；而握杆过松则可能导致球杆在挥杆过程中产生晃动，从而影响击球的准确性。其次，手臂和手腕的协同运动也是影响力量传递的关键因素。手臂的稳定性和手腕的灵活性需要相互配合，以确保力量能够准确地传递到球杆上。

4. 提高手部动作与挥杆力量传递的方法

（1）正确的握杆方式。选择适合自己的握杆方式，确保手部和球杆的连接稳定而舒适。握杆时要保持适度的松紧度，避免手部肌肉过度紧张。

（2）手臂和手腕的协同训练。通过专门的训练来提高手臂的稳定性和手腕的灵活性。例如，可以进行手腕翻转练习、手臂稳定性练习等，以加强手臂和手腕的协同运动能力。

（3）力量传递练习。通过一些专门的练习来模拟挥杆动作，以提高力量传递的效率。例如，可以进行站姿推杆练习、坐姿推杆练习等，以模拟从身体到球杆的力量传递过程。

（4）观察和模仿优秀球员的动作。观看优秀球员的比赛和训练视频，学习和模仿他们的手部动作和挥杆力量传递方式。通过模仿和实践，逐渐提高自己的技术水平。

5. 手部动作与挥杆力量传递在比赛中的重要性

在高尔夫比赛中，手部动作与挥杆力量的传递对于球员的成绩具有至关重要的影响。稳定而精准的手部动作能够将身体的力量有效地传递到球杆上，使球员的击球更远、更准确。同时，手部动作的稳定性和灵活性还能够帮助球员应对各种复杂的球场环境和挑战。因此，对于高尔夫球员来说，不断提高和完善手部动作与挥杆力量的传递技术是取得好成绩的关键。

高尔夫手部动作与挥杆力量的传递是高尔夫运动的重要组成部分。通过掌握正确的握杆方式、手臂和手腕的协同运动以及专门的训练方法，球员可以逐渐提高手部动作的稳定性和灵活性，从而实现更精准、更有力量的击球。这不仅有助于提高球员的比赛成绩和训练效果，还能够为他们的长期发展奠定坚实的基础。因此，对于高尔夫球员来说，不断学习和实践高尔夫手部动作与挥杆力量的传递技术是非常必要的。

第二节　身体姿势与站位技巧

一、正确的身体姿势

高尔夫是一项对技巧和体态要求极高的运动。正确的身体姿势在高尔夫运动中起着至关重要的作用，它不仅能够帮助球员更好地控制球杆，提高击球的准确性，还能有效预防运动伤害，提升整体表现。

首先，站姿是高尔夫身体姿势的基础。球员应该站在球的后方，双脚与肩同宽或略宽于肩，脚尖微微向外打开，形成稳定的站立基础。膝盖应微微弯曲，以吸收挥杆时产生的力量。臀部收紧，背部挺直，但不应过分僵硬。肩膀放松、下沉，与臀部保持水平。这样的站姿有助于形成稳定的下盘，为接下来的挥杆动作奠定坚实的基础。

其次，身体的平衡对于高尔夫运动来说至关重要。在准备击球时，球员需要保持身体的平衡，重心应放在前脚掌上，后脚跟轻轻抬起，形成轻微的前倾姿势。这样的平衡有助于球员更好地控制挥杆的方向和力量。在挥杆过程中，身体应保持稳定，避免过度摆动或扭曲，以确保击球的准确性。

在挥杆过程中，腰部的转动起着关键的作用。球员应该通过腰部的转动来引导挥杆，而不是单纯依靠手臂和肩膀的力量。在准备击球时，腰部应略微向右转动，形成一定的扭转力。在挥杆过程中，腰部应保持稳定，同时逐渐恢复到原位。这样的腰部转动不仅有助于提高击球的力量和准确性，还能减少不必要的身体扭曲和疲劳。

除了腰部，肩部和手臂的姿势也是高尔夫挥杆中的重要因素。在准备击球时，肩部应放松下沉，与臀部保持水平。手臂应自然下垂，握住球杆，保持轻松的状态。在挥杆过程中，手臂和肩部应协调运动，形成流畅的挥杆轨迹。避免手臂和肩部过度用力或僵硬，以免影响击球的准确性和稳定性。

此外，头部的姿势也是高尔夫挥杆中不可忽视的一环。在准备击球时，头部应保持直立，目视前方，避免抬头或低头。在挥杆过程中，头部应保持稳定，避免跟随球杆的运动而晃动。稳定的头部姿势有助于保持身体的平衡和挥杆的稳定性，从而提高击球的准确性。

除了以上几个方面的身体姿势要求外，高尔夫球员还需要具备灵活性和核心力量的支持。灵活性可以帮助球员更好地完成各种挥杆动作，减少运动伤害的风险。核心力量则能够提供稳定的支撑，帮助球员在挥杆过程中保持身体的平衡和稳定。

为了保持正确的身体姿势并提高高尔夫技能水平，球员可以通过一些专门的训练方法来加强相关肌肉群的力量和柔韧性。例如，进行核心力量训练、拉伸练习和平衡练习等，都可以帮助球员更好地达到高尔夫运动的身体姿势要求。

正确的身体姿势在高尔夫运动中起着至关重要的作用。通过掌握正确的站姿、平衡、腰部转动、肩部手臂姿势以及头部姿势等方面的要求并加强相关训练，球员可以提高自己的高尔夫技能水平并享受这项运动的乐趣。同时，正确的身体姿势还有助于预防运动伤害和提升整体表现。因此，高尔夫爱好者应该注重身体姿势的训练和调整，以获得更好的运动体验和成绩。

二、站位技巧与身体平衡

高尔夫运动中，站位技巧与身体平衡是每位球员必须掌握的核心要素。它们不仅关系到击球的准确性和力量，更对球员的整体表现和运动安全起着至关重要的作用。

1. 站位技巧

在高尔夫运动中，站位是挥杆动作的基础。正确的站位能够为后续的挥杆动作提供稳固的支撑，确保击球的稳定性和准确性。以下是几个关键的站位技巧：

（1）双脚与肩同宽或略宽于肩。双脚与肩同宽或略宽于肩可以提供稳定的支撑基础，确保身体在挥杆过程中保持稳定。

（2）脚尖微微向外打开。脚尖向外打开 10°～15°，有助于球员更好地转动髋部和肩部，形成流畅的挥杆轨迹。

（3）膝盖微屈。适度弯曲膝盖可以吸收挥杆时产生的力量，减少对身体的影响。同时，也有助于保持身体的平衡。

（4）臀部收紧，背部挺直。收紧臀部和挺直背部可以确保球员在挥杆过程中保持稳定的姿势。避免背部过分僵硬，保持自然放松的状态。

（5）重心放在前脚掌上。将重心放在前脚掌上有助于球员更好地控制挥杆的方向和力量。后脚跟轻轻抬起，形成轻微的前倾姿势。

2. 身体平衡

身体平衡在高尔夫运动中同样至关重要。稳定的身体平衡可以帮助球员更好地控制球杆，提高击球的准确性和稳定性。以下是几个关于身体平衡的关键要点：

（1）保持稳定的下盘。下盘的稳定性是身体平衡的基础。球员应该通过调整双脚的距离和角度以及膝盖的微屈程度，确保下盘在挥杆过程中保持稳定。

（2）重心转移。在挥杆过程中，重心应该随着身体的转动而逐渐转移。准备姿势时，重心应放在前脚掌上；随着挥杆的进行，重心逐渐转移到后脚；在击球的瞬间，重心应回到前脚。重心的转移有助于球员更好地控制挥杆的力量和方向。

（3）保持身体稳定。在挥杆过程中，身体应保持稳定，避免过度摆动或扭曲。球员应该通过控制腰部的转动和肩部的运动，确保身体在挥杆过程中保持稳定的状态。这样可以提高击球的准确性和稳定性。

（4）头部稳定。头部的稳定性对于身体平衡至关重要。在挥杆过程中，球员应该保持头部稳定，避免跟随球杆的运动而晃动。稳定的头部姿势有助于保持身体的平衡和挥杆的稳定性。

3. 练习与提高

要熟练掌握站位技巧和身体平衡，球员需要进行大量的练习和反复的训练。以下是一些建议，帮助球员提高站位技巧和身体平衡能力。

（1）进行基础练习。通过在练习场上进行基础的站位练习，如调整双脚的距离和角度、感受重心的转移等，球员可以逐渐掌握正确的站位技巧。

（2）使用辅助工具。球员可以使用平衡垫、瑜伽球等辅助工具来进行身体平衡的训练，提高平衡能力。

（3）观看教学视频。观看专业高尔夫教练的教学视频，学习正确的站位技巧和身体平衡方法。通过模仿专业球员的动作，球员可以更快地掌握这些技巧。

（4）参加培训课程。参加专业的高尔夫培训课程，接受专业教练的指导。教练可以根据球员的实际情况，提供个性化的建议和指导，帮助球员更快地提高站位技巧和身体平衡能力。

站位技巧和身体平衡在高尔夫运动中起着至关重要的作用。通过掌握正确的站位技巧、保持稳定的身体平衡以及加强相关训练，球员可以提高自己的高尔夫技能水平并享受这项运动的乐趣。同时，正确的站位技巧和身体平衡还有助于预防运动伤害和提升整体表现。因此，高尔夫爱好者应该注重这些要素的训练和调整，以获得更好的运动体验和成绩。

第三节　挥杆节奏与力量传递

一、挥杆节奏的掌握

1. 掌握挥杆节奏的重要意义

高尔夫运动挥杆节奏的掌握在高尔夫运动中至关重要，它不仅影响着球的飞行距离和方向，还关系到球员的身体协调性和运动效率。挥杆节奏是指挥杆过程中各个环节的时间分配和力量传递的协调性。合理的挥杆节奏能够使球员更好地发挥出自己的潜力，提高击球质量。因此，掌握高尔夫运动挥杆节奏对于提高运动成绩具有重要意义。

在高尔夫挥杆过程中，身体各部分的动作需要紧密配合，形成一个协调的整体。首先，从准备姿势开始，球员需要保持身体平衡，重心稳定，双脚分开与肩同宽，膝盖微微弯曲，身体稍微前倾。这样的姿势有助于球员在挥杆过程中保持稳定性和稳定的力量传递。

接下来是起杆阶段，球员需要通过肩膀和手臂的协同动作，将球杆从准备姿势逐渐抬起。在这个阶段，球员需要注意保持手腕的放松，避免过早地翻转手腕，以免影响后续的挥杆节奏。

然后是下杆阶段，这是挥杆过程中最关键的部分。球员需要通过腰部的转动和腿部的力量传递，将球杆迅速而有力地挥向球。在这个阶段，球员需要注意保持身体的稳定性，避免过早地抬起头部或转动身体，以免影响击球的准确性。

紧接着是击球阶段，球员需要通过手臂和手腕的协调动作，使球杆击中球。在这个阶段，球员需要注意控制球杆的速度和角度，以确保球能够以理想的轨迹飞行。

最后是送杆和收杆阶段，球员需要通过手臂和肩膀的协同动作，将球杆送向目标方向并收回至准备姿势。在这个阶段，球员需要注意保持身体的平衡和稳定性，避免因为过度用力或姿势不当而导致身体失衡。

2. 培养自己的节奏感的建议和方法

要掌握高尔夫运动的挥杆节奏，球员需要通过大量的实践和训练来培养自己的节奏感。以下是一些建议和方法：

（1）使用节拍器或节奏训练器。球员可以选择使用节拍器或节奏训练器来帮助自己建立稳定的挥杆节奏。通过跟随节拍器的节奏进行挥杆练习，球员可以逐渐培养出一种稳定的挥杆节奏感，并在实际的比赛中更好地应用。

（2）观看高水平球员的比赛录像或教学视频。球员可以通过观看高水平球员的比赛录像或教学视频来学习他们的挥杆节奏。这些高水平球员通常具有出色的挥杆节奏感和协调性，他们的挥杆动作可以作为学习和模仿的榜样。

（3）寻求专业教练的指导和帮助。球员还可以寻求专业教练的指导和帮助。专业教练可以针对球员的具体情况和需求，制订个性化的训练计划，帮助他们逐步掌握正确的挥杆节奏和协调性。通过与教练的反复练习和反馈，球员可以更快地纠正自己的错误动作，提高自己的挥杆水平。

3. 挥杆节奏训练注意事项

除了以上的建议和方法外，球员还需要注意以下几点：

（1）保持身体放松。在挥杆过程中，球员需要保持身体的放松和灵活性，避免因为肌肉紧张或僵硬而影响挥杆节奏和力量传递。

（2）控制呼吸。呼吸是高尔夫运动中非常重要的一环。球员需要在挥杆过程中保持稳定的呼吸节奏，通过深呼吸和放松呼吸来帮助自己更好地掌控挥杆节奏和力量。

（3）反复练习。要想掌握高尔夫运动的挥杆节奏，球员需要付出大量的时间和努力进行反复练习。通过不断练习和反思，球员可以逐渐提高自己的挥杆水平和节奏感。

高尔夫运动挥杆节奏的掌握是一个长期而复杂的过程，需要球员通过大量的实践和训练来逐渐提高。通过选择合适的训练方法、寻求专业指导、保持身体放松和控制呼吸等方法，球员可以更好地掌握高尔夫运动的挥杆节奏，提高自己的运动成绩和享受高尔夫运动的乐趣。

二、力量传递的技巧与方法

高尔夫运动是一项需要高度协调性和精确性的运动，其中力量传递是挥杆过程中的关键环节。力量传递是指从身体的一个部位到另一个部位的连续力量流动，最终通过球杆传递到球上，使球以理想的轨迹和距离飞行。有效的力量传递不仅能够提高击球的准确性和力量，还能够减少运动损伤和提高运动效率。因此，掌握高尔夫运动力量传递的技巧与方法对于提高运动成绩具有重要意义。

1. 身体的整体协调性

球员要理解高尔夫运动中的力量传递，需要先了解身体的整体协调性。高尔夫挥杆是一个全身运动，从脚部开始，经过腿部、臀部、核心部位、肩部、手臂，最终到手腕和球杆。在这个过程中，每个部位都需要发挥其独特的作用，并与其他部位协同工作，以实现最佳的力量传递。

（1）脚部与腿部。在准备姿势中，球员需要将重心放在前脚掌上，这有助于产生向上的力量。在挥杆过程中，腿部需要提供稳定的支撑，并通过膝盖和臀部的转动来传递力量。因此，球员需要保持腿部肌肉的紧张和稳定，以确保力量能够有效地传递到上半身。

（2）臀部与核心部位。核心部位（包括腹部、背部和骨盆）是高尔夫挥杆中的关键力量源。通过稳定核心部位，球员可以更好地控制身体的转动和力量的传递。在挥杆过程中，核心部位需要保持稳定，同时允许臀部在转身动作中自由转动。这种转动有助于产生更大的扭矩，从而增加击球的力量。

（3）肩部与手臂。在力量传递的最后阶段，肩部需要转动以带动手臂和球杆。在这个过程中，肩部肌肉需要放松，以允许手臂和球杆自然地跟随身体的转动。同时，手臂需要保持一定的弯曲，以在击球时提供足够的支撑。手腕在挥杆过程中也起到关键作用。在起杆阶段，手腕需要放松并稍微翻转，以帮助球杆抬起。在下杆阶段，手腕需要迅速翻转回来，以产生爆发力并将力量传递到球上。

2. 力量传递训练方法

为了更好地掌握高尔夫运动的力量传递技巧与方法，球员可以尝试以下训练方法：

（1）基础体能训练。强大的核心肌群和稳定的下肢是力量传递的基础。因此，球员需要进行针对性的体能训练，如核心稳定性训练、平衡训练、腿部力量训练等，以提高身体的整体稳定性和力量输出。

（2）分解挥杆练习。通过分解挥杆动作，球员可以更好地理解每个阶段的力量传递过程。例如，可以分别练习起杆、下杆、击球和送杆等动作，感受力量在身体各部位之间的流动。

（3）节奏训练。使用节拍器或节奏训练器可以帮助球员建立稳定的挥杆节奏，从而更好地控制力量传递。在挥杆过程中，每个阶段都需要在特定的时间点完成，以确保力量的连续传递。

（4）视觉与心理训练。视觉和心理因素在力量传递中也起着重要作用。球员需要保持专注，对击球点有明确的认知，并在挥杆过程中保持积极的心理状态。此外，通过视觉训练，如观察高水平球员的挥杆动作和击球效果，可以帮助球员建立正确的力量传递模式。

3. 力量传递注意事项

在实际应用中，球员需要注意以下几点：

（1）保持身体放松。在挥杆过程中，球员需要保持身体的放松和灵活性，避免因为肌肉紧张或僵硬而影响力量传递。特别是在击球阶段，手臂和手腕需要保持一定的放松度，以产生理想的击球效果。

（2）呼吸与力量传递的配合。呼吸在高尔夫运动中起着至关重要的作用。在挥杆过程中，球员需要通过深呼吸和放松呼吸来帮助自己更好地掌控力量传递。例如，在下杆阶段，球员可以通过吸气来增加核心部位的稳定性；在击球阶段，则可以通过呼气来释放力量。

（3）反复练习与反思。要想掌握高尔夫运动的力量传递技巧与方法，球员需要付出大量的时间和努力进行反复练习。通过不断的练习和反思，球员可以逐渐发现自己的不足之处并加以改进，从而提高挥杆效率和击球质量。

高尔夫运动力量传递的技巧与方法是一个复杂而重要的领域。通过理解身体各部位在挥杆过程中的作用、采用针对性的训练方法以及注意实际应用中的要点，球员可以更好地掌握力量传递技巧，提高运动成绩并享受高尔夫运动的乐趣。

第四节　全挥杆八大阶段动作规范与典型错误

一、全挥杆八大阶段动作规范

高尔夫是一项技巧性很强的运动，全挥杆动作涵盖了从准备姿势到完成击球的整个过程。为了确保击球的准确性，球员需要遵循一套标准的动作规范。这些规范不仅有助于提高运动成绩，还能减少运动损伤的风险。下面将详细介绍高尔夫全挥杆的八大阶段动作规范。

1. 准备姿势

准备姿势是全挥杆的开端，对于后续的挥杆动作至关重要。在准备姿势中，球员需要站在球的后方，双脚与肩同宽或略宽于肩。身体重心应放在前脚掌上，膝盖微屈，背部挺直，双肩放松。双手握住球杆，球杆与地面平行，球头位于双脚之间。双眼注视球的位置，保持头部稳定。

2. 起杆

起杆是全挥杆的第一个阶段，旨在将球杆从准备姿势中抬起。在这个阶段，球员需要保持上半身的稳定，通过转动臀部和肩部来抬起球杆。双臂和手腕应保持放松，避免过度用力。起杆的高度应根据个人技术水平和球场情况而定，通常不超过膝盖。

3. 上杆

上杆阶段是将球杆继续向后拉动的过程。球员需要保持上半身的转动，同时让双臂和球杆自然上抬。在这个阶段，球员需要注意保持背部的挺直和肩膀的放松，避免过度扭转身体。上杆的最高点应根据个人技术水平和球场情况而定，通常不超过肩膀的高度。

4. 顶点

顶点是上杆阶段的结束点，也是下杆阶段的起点。在这个阶段，球员需要暂停片刻，感受身体的平衡和力量的积聚。此时，球杆应位于身体的右侧（对于右手球员），头部保持稳定，双眼注视目标方向。

5. 下杆

下杆阶段是将球杆从顶点向前挥动的过程。球员需要通过转动臀部和肩部来带动下杆动作，同时让双臂和球杆自然前伸。在下杆过程中，球员需要保持手腕的放松和灵活，以便在击球时产生爆发力。

6. 击球

击球是全挥杆动作的核心，也是决定击球效果的关键。在击球瞬间，球员需要确保球杆面与球的飞行方向一致，并通过手臂、手腕和身体的协调发力将球击出。击球时应保持上半身的稳定，避免过度摆动或扭转。同时，双眼应始终注视球的位置，以便准确判断击球效果。

7. 送杆

送杆阶段是击球后的跟随动作，旨在确保力量传递的连贯性和稳定性。在送杆过程中，球员需要继续转动身体，让球杆自然地向前延伸。双臂和手腕应保持放松，避免过度用力。送杆结束后，双手应位于身体左侧（对于右手球员），球杆指向目标方向。

8. 收杆

收杆是全挥杆的最后一个阶段，也是动作规范的收尾部分。在收杆时，球员需要保持上半身的稳定，让球杆自然地回到准备姿势的位置。同时，双眼应注视目标方向，以评估击球效果。收杆后，球员应保持身体的平衡和稳定，为下一次挥杆做好准备。

通过遵循以上八大阶段动作规范，球员可以更好地掌握高尔夫全挥杆技术，提高击球的准确性。同时，这些规范也有助于减少运动损伤的风险，提高运动效率。然而，需要注意的是，每个球员的身体条件和技术水平都不同，因此在实际应用中需要根据个人情况适当调整动作规范。此外，不断地练习和反思也是提高全挥杆技术的关键。只有通过反复练习和不断改进，球员才能真正掌握高尔夫全挥杆的精髓，享受高尔夫运动的乐趣。

二、全挥杆八大阶段典型错误及纠正方法

高尔夫运动是一项需要高度技术性和精准度的运动。在进行全挥杆时，球员往往容易出现一些典型的错误，这些错误不仅会影响击球效果，还可能导致运动损伤。了解这些错误以及相应的纠正方法对于提高高尔夫技能至关重要。

1. 准备姿势阶段的错误及纠正

准备姿势是高尔夫挥杆的基础，其重要性不言而喻。在这个阶段，球员常见的错误包括身体重心过于靠后，导致稳定性不足，以及双脚间距过大或过小，影响平衡。为了纠正这些错误，球员需要调整身体重心，使其位于前脚掌上，这样可以增加稳定性。同时，双脚间距也需要调整，确保与肩同宽或略宽于肩，以保持平衡。此外，保持背部挺直和双肩放松也是准备姿势中不可忽视的一环，这有助于球员在挥杆过程中保持稳定的姿势。

2. 起杆阶段的错误及纠正

起杆是高尔夫挥杆的关键阶段，也是球员容易出现错误的环节。在这个阶段，常见的错误包括过早抬起球杆，导致挥杆轨迹不稳定，以及双手握杆过紧，影响力量传递。为了纠正这些错误，球员需要保持上半身稳定，通过转动臀部和肩部来抬起球杆，这样可以确保挥杆轨迹的稳定性和力量的顺畅传递。同时，双手握杆的力度也需要调整，保持适当的松弛度，让手腕保持灵活，从而更好地发挥杆头的力量。

3. 上杆阶段的错误及纠正

上杆阶段是高尔夫挥杆中力量积蓄的过程，但许多球员在这个阶段会出现上杆过高或过快，导致力量损失的错误。此外，背部过度扭转也会影响挥杆的稳定性。

为了纠正这些错误，球员需要控制上杆的高度和速度，确保力量传递顺畅。在上杆过程中，球员应该注重力量的积蓄而不是过度追求高度和速度。同时，保持背部挺直避免过度扭转也是非常重要的，这有助于球员在挥杆过程中保持稳定的姿势和顺畅的力量传递。

4. 顶点阶段的错误及纠正

顶点阶段是高尔夫挥杆中身体和球杆达到最高点的时刻，也是球员容易出现错误的环节。在这个阶段，常见的错误包括身体失去平衡，导致下杆动作变形，以及球杆位置不正确，影响击球效果。为了纠正这些错误，球员需要在顶点时保持身体平衡，感受力量的积聚。同时调整球杆位置确保其与身体轴线一致，这样可以更好地控制球的方向和距离。

5. 下杆阶段的错误及纠正

下杆阶段是高尔夫挥杆中决定击球效果的关键环节，但许多球员在这个阶段会出现下杆过快或过慢导致击球不准确的错误。此外手臂和手腕过度用力也会影响力量传递。为了纠正这些错误，球员需要控制下杆速度和节奏，确保击球准确性。在下杆过程中放松手臂和手腕，让力量自然传递至球杆，这样可以更好地控制击球的方向和距离。

6. 击球阶段的错误及纠正

击球阶段是高尔夫挥杆中最重要的时刻，但也是最容易出现错误的环节。在这个阶段，常见的错误包括球杆面不正导致球路偏移以及身体过度摆动或扭转影响击球稳定性。为了纠正这些错误，球员需要调整球杆面角度，确保与球的飞行方向一致。同时保持身体稳定，避免过度摆动或扭转，这样可以确保击球的稳定性和准确性。

7. 送杆阶段的错误

送杆阶段是高尔夫挥杆中力量释放的过程，但许多球员在这个阶段会出现送杆过短或过长影响力量传递和击球效果的错误。此外双臂和手腕过度用力也可能导致疲劳和损伤。为了纠正这些错误，球员需要控制送杆长度和力度，确保力量传递顺畅。在送杆过程中放松双臂和手腕，避免过度用力，这样可以减少疲劳和损伤，提高挥杆效果。

8.收杆阶段的错误及纠正

收杆阶段是高尔夫挥杆的结束阶段，但也是球员容易忽视的环节。在这个阶段，常见的错误包括收杆时身体失去平衡，影响整体动作的流畅性以及球杆未回到准备姿势位置，导致下次挥杆不稳定。为了纠正这些错误，球员需要保持身体平衡，让收杆动作自然流畅。同时确保球杆回到准备姿势位置，为下次挥杆做好准备，这样可以提高整体动作的连贯性和稳定性。

为了有效纠正这些错误，球员需要不断练习和反思自己的挥杆动作。在练习过程中，可以通过录像或教练的指导来观察和分析自己的动作，从而找出问题所在并进行有针对性的改进。此外，球员还应注重身体素质和柔韧性的训练，以提高身体的稳定性和灵活性，从而更好地执行高尔夫全挥杆动作。

了解并纠正高尔夫全挥杆八大阶段中的典型错误对于提高高尔夫技能至关重要。通过不断练习和反思，球员可以逐渐掌握正确的挥杆动作，提高击球的准确性和力量，享受高尔夫运动的乐趣。

第四章　进阶挥杆技巧探究

第一节　球的飞行与击球七要素的联系

一、杆头轨迹对球飞行的影响

在高尔夫运动中，杆头轨迹是指球杆在击球过程中的运动路径。这个轨迹不仅影响着球的飞行方向和距离，还是决定击球质量的关键因素。理解杆头轨迹如何影响球的飞行，对于高尔夫球员提高技术水平、优化击球效果具有重要意义。

1. 杆头轨迹的类型

常见的杆头轨迹有由内向外的轨迹、由外向内的轨迹，以及直线轨迹。这些轨迹类型主要取决于球杆在击球过程中的运动方向。

（1）由内向外的轨迹。在这种轨迹中，球杆从球的内侧开始向下击球，然后向外侧移动。这种轨迹往往导致球向右偏转，对于右撇子球员来说，这是一个常见的错误轨迹。

（2）由外向内的轨迹。与由内向外的轨迹相反，球杆从球的外侧开始向下击球，然后向内侧移动。这种轨迹可能导致球向左偏转，对于右撇子球员来说，这也是一个常见的错误轨迹。

（3）直线轨迹。在这种轨迹中，球杆直接从球的上方开始，沿着一条直线向下击球。这是理想的杆头轨迹，因为它可以产生最大的力量传递和最小的旋转，从而使球沿着预期的方向飞行。

2. 杆头轨迹对球飞行的影响

在了解了不同类型的杆头轨迹后，我们将进一步探讨杆头轨迹对球飞行的影响。

（1）飞行方向。如前所述，不同类型的杆头轨迹会导致球产生不同的偏转。由内向外的轨迹使球向右偏转，而由外向内的轨迹使球向左偏转。这种偏转不仅影响球的飞行方向，还可能导致球偏离目标线。

（2）飞行距离。杆头轨迹也会影响球的飞行距离。理想的直线轨迹可以使球获得最大的飞行距离，因为力量可以更有效地传递到球上。相比之下，由内向外的轨迹和由外向内的轨迹可能会导致力量分散，从而减少球的飞行距离。

（3）球的旋转。杆头轨迹还会影响球的旋转。例如，由内向外的轨迹可能导致球产生顺时针旋转（对于右撇子球员来说），而由外向内的轨迹可能导致球产生逆时针旋转。这种旋转不仅影响球的飞行稳定性，还可能影响球在落地后的滚动行为。

3 如何优化杆头轨迹

优化杆头轨迹是提高高尔夫击球效果的关键。以下是一些建议，帮助球员实现理想的杆头轨迹。

（1）保持身体平衡。在击球过程中保持身体平衡是实现直线轨迹的关键。球员需要确保身体重心稳定，避免在击球过程中出现过度摆动或扭曲。

（2）控制挥杆速度。适当的挥杆速度是实现理想杆头轨迹的重要因素。球员需要控制挥杆的速度和节奏，确保球杆在击球时具有足够的力量和稳定性。

（3）练习正确的击球姿势。正确的击球姿势是实现理想杆头轨迹的基础。球员需要确保球杆与身体轴线一致，球杆面与球的飞行方向垂直，并在击球时保持手臂和手腕放松。

（4）寻求专业指导。专业教练可以帮助球员分析挥杆动作中的不足之处，并提供有针对性的练习方法和建议。

杆头轨迹对高尔夫球的飞行具有重要影响。通过了解不同类型的杆头轨迹以及它们对球飞行的影响，球员可以更好地调整自己的技术，优化击球效果。同时，通过保持身体平衡、控制挥杆速度、练习正确的击球姿势以及寻求专业指导等方法，球员可以逐步改善自己的杆头轨迹，提高高尔夫技能水平。

二、杆面角度与击球方向的控制

在高尔夫球运动中，杆面角度是指球杆击球面与地面垂直线之间的夹角，而击球方向则是指球被击出后的飞行路径。两者都会对球的飞行轨迹产生深远的影响，对于高尔夫球员来说，掌握杆面角度与击球方向的控制技巧至关重要。

1. 杆面角度的重要性

杆面角度是影响球飞行轨迹的关键因素之一。不同的杆面角度会导致球产生不同的飞行高度、距离和方向。例如，开放的杆面角度（对于右撇子球员而言，杆面朝向目标的右侧）会使球向右偏转并产生较低的飞行轨迹；关闭的杆面角度（杆面朝向目标的左侧）则会使球向左偏转并产生较高的飞行轨迹。

在高尔夫球的各个击球环节中，如使用推杆、铁杆和木杆等击球，球员都需要对杆面角度进行精细的控制。正确的杆面角度可以帮助球员实现预期的击球效果，如将球准确地击入目标区域、控制球的滚动距离等。

2. 击球方向的控制

击球方向的控制同样重要。在击球过程中，球员需要通过调整身体姿势、挥杆路径和杆面角度等因素来控制球的飞行方向。如果想要让球直线飞行，球员需要确保杆头轨迹与球的飞行方向一致，并且杆面角度要垂直于目标线。

球员还需要注意挥杆过程中的力量传递和释放。正确的力量传递可以确保球员在击球时产生足够的旋转和速度，从而使球沿着预期的方向飞行。而力量的释放则需要球员在击球瞬间将力量有效地传递到球上，避免过度用力或用力不足导致球的飞行方向偏离预期。

3. 杆面角度与击球方向的关联

杆面角度与击球方向之间存在着密切的关联。在调整杆面角度的同时，球员也需要考虑击球方向的变化。例如，当球员想要打出一个向左偏转的球时，除了调整杆面角度之外，还需要确保挥杆路径和杆头轨迹支持。否则，即使杆面角度调整得再完美，也无法实现预期的击球效果。

当球员想要打出一个高飞球时，除了调整杆面角度之外，还需要注意挥杆过程中的力量传递和释放。如果力量传递不足或释放过早，球可能无法获得足够的旋转和速度，导致飞行高度不足或方向偏离预期。

4. 提高杆面角度与击球方向控制能力的方法

要提高杆面角度与击球方向的控制能力，球员可以采取以下方法：

（1）练习基本姿势和挥杆动作。正确的基本姿势和挥杆动作是实现稳定杆面角度和击球方向的基础。球员应该通过反复练习来巩固这些基本技术，确保在击球时能够保持身体的平衡和稳定。

（2）使用练习辅助工具。使用练习辅助工具可以帮助球员更好地感知和调整杆面角度以及击球方向。例如，使用击球练习垫或激光指导器等工具可以帮助球员更加清晰地看到自己的击球轨迹和落点，从而及时进行调整。

（3）观察和分析专业球员的技术。观察和分析专业球员的技术可以帮助球员学习先进的杆面角度和击球方向控制技巧。球员可以通过观看比赛录像、参加教学课程等方式来学习这些技巧，并将其应用到自己的练习中。

（4）注重练习质量而非数量。在练习过程中，球员应该注重练习质量而非数量。每次练习时都应该专注于技术细节和击球效果，确保每一次挥杆都能带来一定的进步。同时，球员也应该合理安排练习时间和强度，避免过度训练导致身体疲劳和受伤。

杆面角度与击球方向的控制对于高尔夫球员来说至关重要。通过掌握正确的技术、使用练习辅助工具、观察和分析专业球员的技术以及注重练习质量等方法，球员可以逐步提高自己的杆面角度与击球方向控制能力，从而在比赛中取得更好的成绩。同时，球员也应该保持耐心和恒心，不断积累经验和技巧，逐步成为一名优秀的高尔夫球员。

三、击球角度与球飞行的弧线

在高尔夫球运动中，击球角度是指球杆击球面与地面之间的角度，而球飞行的弧线则是指球被击出后在空中形成的轨迹。这两者之间存在着密切的关系，共同影响着球的飞行距离、方向以及落点。因此，对于高尔夫球员来说，理解并掌握击球角度与球飞行弧线的关系至关重要。

1. 击球角度的影响

击球角度是决定球飞行弧线的重要因素之一。当球员调整击球角度时，球的飞行轨迹也会随之发生变化。例如，当球员采用较小的击球角度时，球会以较小的弧线飞行，飞行距离相对较短，但更易于控制球的滚动。相反，当球员采用较大的击球角度时，球会以较大的弧线飞行，飞行距离相对较长，但控制球的滚动则更为困难。

此外，击球的角度还会影响球的旋转。当球员以较陡峭的角度击球时，球会产生更多的倒旋，这有助于球在空中保持飞行稳定性并减少空气阻力。而当球员以较平的角度击球时，球则会产生更少的倒旋，甚至可能产生侧旋或顶旋，这会影响球的飞行轨迹和落点。

2. 球飞行弧线的特性

球飞行的弧线是由多个因素共同决定的，包括击球角度、球杆长度、球速、空气阻力以及重力等。在击球瞬间，球员需要综合考虑这些因素，以调整自己的击球角度和力量，从而控制球的飞行弧线。

在理想的击球状态下，球飞行的弧线应该呈现出一种平滑的抛物线形状。这意味着球在起飞后会迅速达到最高点，然后逐渐下降并落入目标区域。然而，在实际比赛中，由于各种因素的影响，球的飞行弧线往往会出现偏差，这要求球员具备高度的调整能力和技术素养。

3. 击球角度与球飞行弧线的关系

击球角度与球飞行弧线之间存在着密切的关系。球员通过调整击球角度，可以改变球的飞行轨迹和弧线形状。一般来说，较高的击球角度会使球产生更大的弧线，而较低的击球角度则会使球产生更小的弧线。

球飞行的弧线也会受到其他因素的影响，如球速、风力等。例如，当球速较快时，球会受到更大的空气阻力，从而产生更小的弧线。而当风力较强时，球会受到风力的影响，产生偏移或改变弧线形状。因此，球员在实际比赛中需要根据具体情况调整自己的击球角度和力量，以应对各种复杂的环境条件。

4. 提高击球角度与球飞行弧线控制能力的方法

要提高对击球角度与球飞行弧线的控制能力，球员可以采取以下方法：

（1）掌握正确的挥杆技巧。正确的挥杆技巧是实现稳定击球角度和飞行弧线的关键。球员应该注重练习，提高挥杆动作的连贯性和稳定性，确保在击球时能够保持正确的姿势和力量传递。

（2）注重力量与角度的协调。在击球过程中，球员需要注重力量与角度的协调。通过调整挥杆速度、击球力度和杆面角度等因素，实现对球飞行弧线的精确控制。

（3）加强练习和实践。通过大量的练习和实践，球员可以逐渐熟悉和掌握击球角度与球飞行弧线的关系。在实际比赛中，球员可以根据具体情况灵活运用这些技巧，以提高自己的竞技水平。

（4）寻求专业指导。寻求专业教练的指导可以帮助球员更好地理解和掌握击球角度与球飞行弧线的技巧。专业教练可以针对球员的具体情况提供个性化的建议和指导，帮助球员更快地提高技术水平。

击球角度与球飞行的弧线在高尔夫球运动中发挥着至关重要的作用。球员需要深入理解这两者之间的关系，并通过不断练习和实践来提高自己的控制能力。只有这样，才能在比赛中更好地应对各种挑战，取得优异的成绩。同时，球员也应该保持对新技术和新方法的探索和学习，以不断提升自己的技术水平和竞技能力。

四、杆面倾角与球的旋转

在高尔夫球运动中，杆面倾角是指球杆杆面与垂直于地面的平面之间的角度。这个角度对于球的旋转和飞行轨迹具有决定性的影响。杆的倾角不仅影响着球的初始旋转，也影响着球的最终落点。对于高尔夫球员来说，理解并掌握杆面倾角与球旋转之间的关系是至关重要的。

1. 杆面倾角对球旋转的影响

杆面倾角是影响球旋转的关键因素之一。当球员调整杆面倾角时，球的旋转类型和旋转速度都会发生变化。一般来说，杆面倾角越大，球产生的旋转就越强烈。

（1）上旋。当上旋产生时，球的顶部比底部旋转得更快，这导致球在空中呈现一个向下的弧线。杆面稍微向上开放（倾角增大）时，球更有可能产生上旋。上旋对于长距离击球非常有用，因为它可以使球在空中保持更高的飞行轨迹，并有助于球在落地后更快地停下来。

（2）下旋。与上旋相反，下旋使球的底部比顶部旋转得更快，导致球在空中呈现一个向上的弧线。杆面稍微向下关闭（倾角减小）时，球更有可能产生下旋。下旋在短距离击球中更为常见，因为它可以使球更容易滚动到目标区域。

（3）侧旋。侧旋是指球在水平方向上产生的旋转。这通常是由于球杆路径与球中心线不一致造成的。当杆面倾角与球的中心线不垂直时，就会产生侧旋。侧旋可以影响球的飞行方向和落点，因此需要球员在击球时保持准确的姿势和动作。

2. 杆面倾角与球的飞行轨迹

杆面倾角不仅影响着球的旋转，还影响着球的飞行轨迹。不同的杆面倾角会导致球产生不同的飞行弧线，从而影响球的落点。

（1）低倾角。当杆面倾角较小时，球会产生较小的旋转和较低的飞行弧线。这种设置通常用于需要精确控制落点的短距离击球，如铁杆击球或近距离切球。低倾角还有助于减少空气阻力，使球保持更直的飞行路径。

（2）高倾角。当杆面倾角较大时，球会产生更大的旋转和更高的飞行弧线。这种设置通常用于需要增加飞行距离的长距离击球，如使用长铁杆时。高倾角有助于球在空中保持更长时间的飞行，但同时也需要球员具备更高的技术水平和更强的控制力。

3. 调整杆面倾角的方法

要调整杆面倾角，球员可以采取以下几种方法：

（1）调整握杆方式。握杆时，球员可以通过改变双手的位置和力度来调整杆面倾角。例如，将左手放在球杆上方或将右手放在球杆下方可以增加杆面倾角；相反，将左手放在球杆下方或将右手放在球杆上方可以减小杆面倾角。

（2）调整站姿和瞄准线。站姿和瞄准线也会影响杆面倾角。球员可以通过调整双脚之间的距离、膝盖的弯曲程度以及身体的重心分布来改变杆面倾角。同时，通过调整瞄准线，球员也可以影响杆面倾角与球飞行轨迹的关系。

（3）练习和调整。通过大量的练习和调整，球员可以逐渐掌握如何调整杆面倾角以获得所需的旋转和飞行轨迹。在实际比赛中，球员需要根据具体情况灵活运用这些技巧，以提高自己的竞技水平。

4. 杆面倾角与球的滚动

除了影响球的飞行轨迹外，杆面倾角还对球的滚动有重要影响。当球落地后，其旋转会影响球在地面上的滚动距离和方向。

（1）上旋球的滚动。上旋的球在落地后会因为顶部旋转得更快而迅速减速。这种滚动特性使得上旋球在果岭上更容易停下来，对于短距离击球非常有利。

（2）下旋球的滚动。下旋球在落地后会因为底部旋转得更快而继续滚动一段距离。这种滚动特性使得下旋球在果岭外区域更容易滚动到目标位置。

杆面倾角与球的旋转和飞行轨迹之间存在着密切的关系。球员需要深入理解并掌握这一关系，通过调整杆面倾角来控制球的旋转和飞行轨迹，以达到理想的击球效果。同时，球员还需要不断练习和调整自己的技术，以提高对杆面倾角的控制能力和技术水平。只有这样，才能在高尔夫比赛中更好地应对各种挑战，取得优异的成绩。

五、击球位置与球的准确性

在高尔夫球运动中，击球位置是指球杆与球接触时的具体点。这个位置不仅决定了球的初始方向，还影响了球的旋转、飞行轨迹以及最终的落点。对于高尔夫球员来说，掌握准确的击球位置是提高球准确性和整体表现的关键。

1. 击球位置对球准确性的影响

击球位置是影响球准确性的首要因素。球员需要确保球杆头在球的正确位置上接触球，以产生预期的飞行轨迹和落点。

（1）甜蜜点击球。甜蜜点是指球杆面上一个特定的区域，当球杆头以甜蜜点接触球时，杆面能将力量均匀且有效地传递到球上，产生最小的能量损失。甜蜜点击球能够确保球以预期的方向和速度飞行，从而提高球的准确性。

（2）偏离甜蜜点击球。如果球员未能以甜蜜点击球，而是击中了球杆的偏上、偏下或偏左、偏右位置，可能导致球产生侧旋、上旋或下旋，从而影响球的飞行方向和落点。

2. 击球位置与球的飞行轨迹

击球位置的不同会导致球产生不同的飞行轨迹。

（1）中心击球。当球员以球杆面的中心区域击球时，球会产生较直的飞行轨迹。这是因为中心击球能够确保球杆面的力量均匀分布到球上，减少不必要的旋转和偏移。

（2）偏上击球。如果球员击中了球的上方，球会产生上旋并呈现较高的飞行轨迹。这可能导致球在空中过早减速，影响飞行距离。

（3）偏下击球。如果球员击中了球的下方，球会产生下旋并呈现较低的飞行轨迹。这可能导致球在落地后继续滚动，影响球的落点和准确性。

3. 提高击球位置准确性的方法

为了提高击球位置的准确性，球员可以采取以下措施：

（1）练习和训练。通过大量的练习和训练，球员可以逐渐掌握正确的击球位置和感觉。在练习中，球员应该专注于以甜蜜点击球，并注意调整自己的站姿、瞄准和挥杆动作。

（2）视觉训练。球员可以通过视觉训练来提高对击球位置的感知能力。例如，在练习场上放置标记物或使用瞄准线来帮助自己更好地判断球的位置和击球点。

（3）保持稳定的站姿和准确的瞄准线。稳定的站姿和准确的瞄准是确保击球位置准确的前提。球员应该保持身体平衡，双脚分开与肩同宽，膝盖微屈，同时确保眼睛始终注视球的位置。

（4）注重细节。在击球过程中，球员应该注重细节，如球杆头部的角度、手腕的动作以及身体的转动等。这些细节的调整可以帮助球员更好地控制击球位置。

4. 不同球杆与击球位置

不同的球杆具有不同的杆面设计和甜蜜点位置，因此球员需要根据所使用的球杆来调整自己的击球位置。

（1）铁杆。铁杆的甜蜜点通常较小，因此球员需要更加精确地瞄准和击球。在使用铁杆时，球员应该注重保持稳定的站姿和准确的瞄准线，以确保以甜蜜点击球。

（2）木杆。木杆的甜蜜点相对较大，因此球员在击球时有一定的容错率。即使如此，球员仍然应该努力以甜蜜点击球，以获得最佳的飞行轨迹和准确性。

高尔夫击球位置与球的准确性之间存在着密切的关系。球员需要掌握正确的击球位置，以产生预期的飞行轨迹和落点。通过大量的练习和训练，结合稳定的站姿、准确的瞄准线以及注重细节的调整，球员可以逐渐提高自己的击球位置准确性。同时，球员还需要了解不同球杆的特点，并根据实际情况选择合适的球杆和击球位置。只有这样，球员才能在高尔夫比赛中发挥出最佳水平，实现更高的准确性和更好的表现。

六、杆头底角与球的弹跳

在高尔夫运动中，杆头底角是指杆头底部与地面之间的角度。这个角度对于球的弹跳具有至关重要的影响。了解并掌握杆头底角与球弹跳之间的关系，对于提高高尔夫球技、实现精准击球至关重要。

1. 杆头底角的概念与重要性

杆头底角是指在高尔夫挥杆过程中，杆头底部与地面形成的角度。这个角度的大小直接影响到球与杆头接触时的力量传递、球的弹跳高度以及滚动距离。在高尔夫挥杆过程中，球员需要根据不同的击球需求和场地条件，调整杆头底角以获得最佳的击球效果。

2. 杆头底角对球弹跳的影响

杆头底角的大小会直接影响到球的弹跳高度和滚动距离。

（1）弹跳高度。杆头底角较小时，球与杆头的接触点更接近于球的中心，此时球的弹跳高度会相对较低。反之，杆头底角较大时，球与杆头的接触点更偏向于球的底部，会导致球的弹跳高度增加。因此，通过调整杆头底角，球员可以控制球的弹跳高度，以适应不同的击球需求。

（2）滚动距离。弹跳高度与滚动距离密切相关。球弹跳高度较低时，落地后滚动距离相对较短；弹跳高度较高时，落地后滚动距离则相对较长。球员可以根据需要调整杆头底角，以控制球的滚动距离，从而更好地掌握击球落点。

3. 调整杆头底角的方法

要调整杆头底角，球员可以从以下几个方面入手：

（1）改变站姿。通过调整双脚之间的距离、宽度和角度，可以改变身体重心和杆头底角。例如，双脚间距较宽时，身体重心较低，杆头底角相应减小；双脚间距较窄时，身体重心较高，杆头底角则增大。

（2）调整挥杆轨迹。挥杆轨迹的不同会导致杆头底角的变化。球员可以通过调整挥杆路径、挥杆速度以及手腕动作等，来改变杆头底角。例如，挥杆路径较为陡峭时，杆头底角会相应增大；挥杆路径较为平缓时，杆头底角则减小。

（3）选择合适的球杆。不同类型的球杆具有不同的杆头设计和底角特性。球员可以根据自己的技术水平和击球需求，选择合适的球杆以调整杆头底角。例如，长铁杆和木杆的杆头底角通常较大，适合在需要较高弹跳和滚动距离的场合使用；而短铁杆和挖角杆的杆头底角较小，适合在需要较低弹跳和精确落点的场合使用。

4. 杆头底角在不同击球场景中的应用

在不同的击球场景中，球员需要根据实际情况调整杆头底角以获得最佳的击球效果。

（1）果岭击球。在果岭上，球员通常需要控制球的弹跳高度和滚动距离，以便将球精准地停在目标位置。此时，球员可以通过减小杆头底角来降低球的弹跳高度和滚动距离，提高击球的准确性。

（2）长草区击球。在长草区击球时，球员需要尽可能增加球的弹跳高度和滚动距离，以便穿越草层并将球击到目标区域。此时，球员可以通过增大杆头底角来提高球的弹跳高度和滚动距离。

（3）逆风或顺风击球。在逆风或顺风条件下，球员需要根据风力和风向调整杆头底角。逆风时，球员可以通过减小杆头底角来降低球的弹跳高度和减少风阻；顺风时，球员可以通过增大杆头底角来增加球的弹跳高度和利用风力推动球飞行。

高尔夫杆头底角与球的弹跳之间存在着密切的关系。通过调整站姿、挥杆轨迹以及选择合适的球杆等方法，球员可以灵活地控制杆头底角，从而实现不同的弹跳高度和滚动距离。在不同的击球场景中，球员需要根据实际需求灵活地运用杆头底角技术，以提高击球的准确性。掌握杆头底角与球弹跳之间的关系，对于高尔夫球员来说是一项重要的技术挑战，也是提升球技的关键之一。

七、杆头速度与球的距离

在高尔夫运动中，杆头速度是指球杆在击球瞬间，杆头所具备的速度。这一速度对于球的飞行距离起着决定性的作用。杆头速度受到多种因素的影响，包括球员的挥杆技巧、力量传递效率、球杆的选择以及球员的身体素质等。

1. 杆头速度与球距离的基本关系

杆头速度是影响球飞行距离的关键因素之一。一般来说，杆头速度越大，球飞行的距离越远。这是因为杆头速度越大，传递给球的动能就越多，球的初速度也就越大，从而产生更远的飞行距离。然而，这种关系并非线性，因为随着杆头速度的增加，空气阻力和其他因素也会对球的飞行距离产生影响。

2. 影响杆头速度的因素

（1）挥杆技巧。挥杆技巧是影响杆头速度的关键因素。正确的挥杆路径、适当的杆面角度以及流畅的挥杆动作都能够提高杆头速度。球员应该注重练习挥杆技巧，确保杆头在击球瞬间达到最佳速度。

（2）力量传递效率。力量传递效率指的是球员在挥杆过程中，将身体力量有效传递给杆头和球的能力。提高力量传递效率可以增加杆头速度。为了实现高效的力量传递，球员需要注重身体各部分的协调配合，确保力量在挥杆过程中得到充分的利用。

（3）球杆的选择。不同类型的球杆具有不同的杆头质量和弹性，从而影响到杆头速度。一般来说，较轻的杆头可以在挥杆过程中达到更高的速度，而弹性较好的杆头则能够更好地将球员的力量转化为杆头速度。因此，球员在选择球杆时，应根据自己的技术水平和需求，选择杆头质量和弹性适合的球杆。

（4）球员身体素质。球员的身体素质也是影响杆头速度的重要因素。强壮的核心肌群、良好的爆发力和柔韧性都能够提高球员的挥杆速度和力量传递效率。因此，球员应该注重身体素质的训练，以提高杆头速度。

3. 提高杆头速度的方法

（1）加强挥杆技巧训练。通过反复练习正确的挥杆技巧，球员可以逐渐提高挥杆速度和力量传递效率。建议球员在训练过程中注重动作的流畅性和协调性，避免过度用力造成错误的挥杆路径。

（2）选择合适的球杆。根据自己的技术水平和需求，选择合适的球杆是提高杆头速度的关键。球员可以通过咨询专业教练或进行试打，找到适合自己的杆头质量和弹性。

（3）进行身体素质训练。通过加强核心肌群、爆发力和柔韧性的训练，球员可以提高挥杆速度和力量传递效率。建议球员制订科学的训练计划，注重训练的全面性和针对性。

4. 杆头速度与球距离的优化策略

在实际击球过程中，球员需要根据不同的场景和需求，优化杆头速度与球距离的关系。例如，在需要长距离击球的场合，球员可以通过提高挥杆速度和增加力量传递效率来提高杆头速度，从而实现更远的飞行距离。而在需要精确控制落点的场合，球员则可以通过调整挥杆技巧、选择合适的球杆以及控制力量传递效率来降低杆头速度，以获得更准确的击球效果。

高尔夫杆头速度与球的距离之间存在着密切的关系。通过加强挥杆技巧训练、选择合适的球杆以及进行身体素质训练等方法，球员可以提高杆头速度，从而实现更远的飞行距离。同时，在实际击球过程中，球员还需要根据不同的场景和需求，灵活调整杆头速度与球距离的关系，以获得最佳的击球效果。掌握杆头速度与球距离之间的关系，对于高尔夫球员来说是一项重要的技术挑战，也是提升球技的关键之一。

第二节　增加距离与准确性的秘诀

一、调整挥杆速度与节奏

在高尔夫运动中，每个球员都追求两个核心目标：增加击球距离和提高准确性。这两者看似矛盾，实则相辅相成。而调整挥杆速度与节奏，正是实现这两大目标的关键所在。

1. 挥杆速度与击球距离

挥杆速度，即球杆在击球瞬间的速度，是决定球飞行距离的重要因素。理论上，挥杆速度越快，传递给球的动能就越大，球的飞行距离也就越远。然而，挥杆速度并不是越快越好，因为过快的挥杆可能导致挥杆动作的不稳定，进而影响击球的准确性。

要提高挥杆速度，球员需要从基础动作和体能训练两方面入手。首先，通过反复练习，优化挥杆路径和转体动作，确保力量在挥杆过程中得到高效传递。其次，加强核心肌群和爆发力的训练，提高身体的旋转速度和力量输出。

2. 挥杆节奏与击球准确性

挥杆节奏，即挥杆过程中各个环节的时间分配和协调性，对于提高击球准确性至关重要。稳定的节奏有助于球员在击球瞬间保持身体平衡，减少外部干扰，从而提高击球的稳定性和准确性。

要培养良好的挥杆节奏，球员需要注重以下几点：首先，保持稳定的呼吸和步伐，确保身体在挥杆过程中的稳定性；其次，合理分配挥杆过程中的时间，确保每个环节都得到充分的展开和准备；最后，通过大量的练习和反复的调整，逐渐形成稳定的挥杆节奏。

3. 挥杆速度与节奏的平衡

挥杆速度与节奏的平衡是实现高尔夫球远距离和高准确性击球的关键。过快的挥杆速度可能导致击球不稳定，而过于注重节奏则可能牺牲一定的挥杆速度。因此，球员需要根据自己的技术水平和比赛需求，找到适合自己的平衡点。

在实际操作中，球员可以通过以下方法来平衡挥杆速度与节奏：首先，在练习过程中不断尝试和调整，找到适合自己的挥杆速度和节奏组合；其次，在比赛中根据球场环境和天气条件等因素，灵活调整挥杆速度和节奏；最后，通过与教练和队友的交流和学习，不断优化自己的挥杆技术和击球策略。

4. 挥杆速度与节奏的调整策略

要调整挥杆速度与节奏，球员可以采取以下策略：

（1）观察与分析。通过录像或专业教练的观察，分析自己的挥杆速度与节奏特点，找出可能存在的问题和不足。

（2）针对性练习。根据分析结果，制订有针对性的练习计划。如果挥杆速度过快导致击球不稳定，可以重点练习控制挥杆速度和节奏的方法；如果节奏不稳定导致准确性下降，则可以加强节奏感和身体协调性的练习。

（3）反馈与调整。在练习过程中不断获取反馈，包括教练的指导、队友的建议以及自己的感受等。根据反馈及时调整挥杆速度与节奏，不断优化自己的击球效果。

挥杆速度与节奏是高尔夫运动中两个不可或缺的元素。通过调整挥杆速度与节奏，球员可以同时提高高尔夫球的飞行距离和落点准确性。要实现这一目标，球员需要深入理解挥杆速度与节奏的关系，掌握相关的技术和练习方法，并在实际比赛中灵活应用。同时，球员还需要保持耐心和恒心，通过不断的练习和调整，逐渐提高自己的技术水平和比赛成绩。

在高尔夫这项运动中，挥杆速度与节奏的平衡与调整是一个持续不断的过程。随着技术的不断进步和比赛经验的积累，球员会逐渐找到最适合自己的挥杆速度与节奏组合，从而在高尔夫赛场上发挥出最佳水平。

二、改善身体力量与协调性

高尔夫运动，看似是一项主要依赖技术和策略的运动，但实际上，它对身体的力量和协调性要求极高。一个拥有强大身体力量和高度协调性的球员，往往能够在比赛中获得更远的击球距离和更高的准确性。

1. 身体力量与击球距离

在高尔夫运动中，身体力量是影响击球距离的关键因素。强大的身体力量不仅可以帮助球员在击球瞬间产生更高的杆头速度，还可以确保球员在整个挥杆过程中保持稳定。

要增强身体力量，球员需要注重核心肌群的训练。核心肌群包括腹肌、背肌和侧腰肌等，这些肌群为挥杆提供了稳定的支撑和力量来源。通过加强核心肌群的训练，如平板支撑、俯卧撑和仰卧起坐等，可以有效提高球员的身体力量。

此外，下肢力量也是不容忽视的。强壮的腿部和臀部肌肉可以提供稳定的支撑和力量传递，帮助球员在击球瞬间产生更高的杆头速度。因此，深蹲、硬拉等下肢力量训练也是球员需要重视的。

2. 身体协调性与击球准确性

与身体力量相比，身体协调性对于提高击球准确性更为重要。一个身体协调的球员，可以在挥杆过程中保持杆面的稳定性，减少不必要的晃动和偏差，从而提高击球的准确性。

要改善身体协调性，球员需要从基础动作开始练习。正确的站姿、握杆和挥杆动作是建立身体协调性的基础。通过反复练习和纠正动作，球员可以逐渐形成良好的挥杆节奏和肌肉记忆，使身体各部分在挥杆过程中协同工作。

此外，平衡感也是身体协调性的重要组成部分。球员可以通过单脚站立、闭眼挥杆等练习来提高平衡感，使身体在挥杆过程中保持稳定。

3. 力量与协调性的结合

力量与协调性并不是孤立的，它们在高尔夫运动中是相互依存、相互促进的。一个拥有强大身体力量的球员，如果没有良好的协调性，很难将力量有效地转化为击球距离和准确性。同样，一个身体协调性很好的球员，如果缺乏力量，也很难在比赛中取得优异的成绩。

因此，球员在训练过程中需要将力量与协调性结合起来，通过有针对性的练习，使两者达到最佳的平衡。例如，在进行力量训练时，球员可以在注重核心肌群和下肢力量的同时，加入一些协调性训练，如平衡球滚动、单腿硬拉等，以提高身体的整体协调性和稳定性。

4. 综合训练与实战应用

要真正提高高尔夫击球的距离和准确性，球员需要进行全面的综合训练，并将训练成果应用到实战中。综合训练包括技术训练、体能训练和心理训练等多个方面。在技术训练方面，球员需要不断优化挥杆动作和击球策略；在体能训练方面，球员需要加强力量、协调性和平衡感等方面的训练；在心理训练方面，球员需要提高自信心、控制情绪和处理压力的能力。

在实战应用中，球员需要根据不同的球场环境和比赛情况，灵活调整自己的技术和策略。例如，在风力较大的情况下，球员可以通过调整挥杆速度和角度来抵消风力的影响；在需要精确控制落点的情况下，球员可以通过提高身体协调性和稳定性来提高击球的准确性。

通过改善身体力量和协调性，球员可以显著提高高尔夫击球的距离和准确性。要实现这一目标，球员需要注重核心肌群和下肢力量的训练，同时加强身体协调性和平衡感的练习。在综合训练和实战应用中，球员需要不断优化自己的技术和策略，以适应不同的比赛环境和需求。

高尔夫运动是一项需要长期投入和不断努力的运动。只有通过持续的训练和实践，球员才能逐渐提高自己的身体力量和协调性，从而在比赛中取得优异的成绩。同时，球员还需要保持积极的心态和耐心，相信自己的潜力和能力，不断挑战自我、超越自我。

三、精准控制击球角度与力度

高尔夫运动，被誉为"绅士的运动"，不仅要求球员具备高超的技术和策略，更要求他们在每一次挥杆中都能精准地控制击球的角度与力度。这种控制力是高尔夫运动中的核心技能，它直接决定了球飞行的距离和落点的准确性。

1. 击球角度与飞行距离

击球角度是指球杆面与地面之间的夹角，它决定了球的起飞角和飞行轨迹。对于追求击球距离的高尔夫球员来说，掌握适当的击球角度至关重要。

（1）理解不同击球角度对飞行距离的影响。要理解不同击球角度对飞行距离的影响。较低的击球角度可以产生较低的飞行轨迹和更快的滚动速度，这对于在果岭上击球或在短距离击球时非常有用。而较高的击球角度则可以使球获得更高的飞行轨迹和更远的飞行距离，适用于长距离击球。

（2）调整身体姿势和挥杆轨迹。要通过调整身体姿势和挥杆轨迹来控制击球角度。例如，在准备姿势时，球员可以通过调整球位和站姿来预设击球角度。在挥杆过程中，通过调整挥杆路径和释放点，可以进一步控制击球角度。

（3）掌握不同击球角度的感觉和技巧。要通过反复练习来掌握不同击球角度的感觉和技巧。只有在实践中不断尝试和调整，球员才能找到最适合自己的击球角度，从而实现最远的飞行距离。

2. 击球力度与准确性

与击球角度相比，击球力度对于提高击球的准确性更为重要。力度的大小决定了球飞行的速度和旋转程度，进而影响球的落点和滚动方向。

（1）理解适度力度的重要性。力度过大可能导致球飞出预期轨迹，甚至打出"飞碟球"；而力度过小则可能使球飞行距离不足或产生过多的侧旋。因此，球员需要在实践中找到适合自己的力度。

（2）控制肌肉收缩和放松来精确调节击球力度。在挥杆过程中，球员需要学会在合适的时机收紧和放松肌肉，以产生稳定的杆头速度和击球力度。这种肌肉控制能力的训练需要时间和耐心，一旦掌握，将极大地提高击球的准确性。

（3）关注击球时的手感和反馈。高尔夫球员需要学会在击球时感受杆头与球的接触瞬间，通过手感来判断击球力度的适中与否。同时，也要学会倾听球击出后的声音和观察球的飞行轨迹，以便及时调整自己的击球力度。

3. 角度与力度的协同作用

击球角度与力度并不是孤立的，它们在高尔夫击球过程中是相互作用的。合适的击球角度可以为球提供理想的飞行轨迹，而适度的击球力度则可以确保球以预期的速度和旋转程度飞行。

因此，球员在练习和比赛中需要综合考虑角度与力度的协同作用。例如，在面临长距离击球时，球员可能需要增加击球角度以获得更高的飞行轨迹和更远的飞行距离，同时还需要适当控制击球力度，以确保球不会飞出预期轨迹。而在面临短距离或精准击球时，球员可能需要降低击球角度以产生更快的滚动速度，并精确控制击球力度，以确保球准确地落在目标区域。

4. 技术训练与心理素质

要实现精准控制击球角度与力度，球员不仅需要进行技术训练，还需要培养良好的心理素质。技术训练可以帮助球员掌握正确的击球技巧和肌肉控制能力，而心理素质则可以帮助球员在比赛中保持冷静和自信，从而更好地应对各种挑战和压力。

（1）技术训练方面。球员可以通过模拟实战场景、使用科技辅助设备以及寻求专业教练的指导来提高自己的技术水平和控制能力。同时，也可以通过阅读高尔夫专业书籍和观看高水平比赛来学习和借鉴其他球员的经验和技巧。

（2）心理素质方面。球员可以通过冥想、呼吸练习以及情绪管理等方法来提高自己的心理韧性和应对能力。在比赛中遇到困难和挑战时，保持冷静和自信是至关重要的。只有相信自己的技术和能力，才能在关键时刻做出正确的决策和调整。

通过精准控制击球角度与力度，高尔夫球员可以显著提高击球的距离和准确性。要实现这一目标，球员需要掌握正确的技术方法和肌肉控制能力，并在实践中不断尝试和调整。同时，培养良好的心理素质也是不可或缺的。只有在技术和心理上都达到一定的水平，球员才能在高尔夫运动中取得优异的成绩。

第三节　特殊球位的处理方法

一、斜坡上的击球技巧

高尔夫球场千变万化，球员们时常会面临各种特殊球位的挑战。其中，斜坡上的击球技巧尤为关键，因为它不仅关系到球能否成功上杆，更直接影响到球的飞行轨迹和落点。

1.斜坡击球的技术要点

（1）身体调整。站在斜坡上，首先要调整身体平衡。将更多的体重放在上坡脚一侧，以保持稳定性。同时，调整肩膀和臀部，使它们与斜坡保持平行，确保身体姿势的稳定。

（2）球位与站位。球位应稍微靠近上坡方向的脚侧，以便更好地利用斜坡的坡度。站位时，双脚间的距离可略宽于肩，以增加稳定性。

（3）握杆与挥杆。握杆时，要保持轻松自然，避免过度用力。挥杆时，要注意保持挥杆路径的稳定，避免受到斜坡的影响而产生偏差。

（4）击球角度与力度。在斜坡上击球时，要适当调整击球角度和力度。一般来说，上坡击球时应增加击球角度，下坡击球时则应减少击球角度。同时，要根据坡度和距离调整击球力度，确保球顺利上杆并达到预期落点。

2. 常见错误及纠正方法

（1）身体姿势不稳定。在斜坡上击球时，很多球员容易出现身体姿势不稳定的问题。这往往是体重分配不当或身体调整不到位导致的。为了纠正这一问题，球员在练习时应更加注重身体姿势的调整和平衡。可以通过站在不同坡度的斜坡上进行练习，逐渐适应并掌握身体姿势的调整方法。

（2）挥杆路径受影响。斜坡的存在可能会干扰球员的挥杆路径，导致球偏离预期轨迹。为了纠正这一问题，球员在练习时应注重保持挥杆路径的稳定。可以在平地上练习挥杆动作，确保动作流畅自然，然后再逐渐过渡到斜坡上进行练习。通过反复练习和调整，球员可以逐渐掌握在斜坡上保持挥杆路径稳定的方法。

（3）击球角度和力度不当。在斜坡上击球时，很多球员难以准确把握击球角度和力度。这往往是对坡度和距离判断不准确或缺乏经验导致的。为了纠正这一问题，球员在练习时应加强对坡度和距离的判断能力。可以通过在不同坡度和距离的条件下进行击球练习，逐渐熟悉和掌握击球角度和力度的调整方法。同时，也可以借鉴高水平球员的经验和技巧，以提高自己的击球水平。

3. 斜坡击球的心理准备

除了技术层面的准备外，心理准备也是应对斜坡击球挑战的关键。在面对斜坡等特殊球位时，球员应保持冷静和自信。要相信自己的技术和能力能够应对各种挑战。同时，也要学会在压力下保持专注和耐心，避免因为紧张或焦虑而影响发挥。

4. 实践与应用

要想真正掌握斜坡击球技巧并将其应用于实际比赛中，球员需要通过大量的实践来积累经验。在练习过程中，可以模拟各种坡度和距离的条件进行击球练习，以提高对不同球位的适应能力。同时，也要关注比赛中可能出现的各种因素，如风向、地形等，并学会在实际操作中灵活调整自己的击球策略。

斜坡击球是高尔夫运动中一项重要的技术挑战。通过掌握正确的技术要点、纠正常见错误、做好心理准备以及通过实践积累经验，球员可以更好地应对这一挑战并取得更好的成绩。

二、沙坑中的击球技巧

在高尔夫球场中，沙坑是每位球员都必须面对的特殊球位之一。在沙坑中，球员需要运用特定的技巧和策略，以确保球成功地从沙坑中飞出并达到预期的落点。

1. 沙坑击球的技术要点

（1）站位与球位。在沙坑中，站位和球位的选择至关重要。首先，要确保身体平衡，双脚站稳。其次，球应该放置在站位稍前的位置，以便更好地控制球的起飞角度和飞行轨迹。

（2）沙坑杆的选择。选择合适的沙坑杆是成功的关键。要根据沙坑的深浅和球的位置，选择适当的杆头形状和长度。较浅的沙坑可以选择较短的杆，而较深的沙坑则需要选择较长的杆。

（3）沙坑挥杆。沙坑挥杆需要特别注意力度和角度的控制。挥杆时，要保持身体稳定，避免过度用力或用力不足。同时，要注意调整挥杆的角度，以确保球顺利飞出沙坑。

（4）球的释放。在沙坑击球时，球的释放是关键。要确保在触球瞬间，杆头干净利落地穿过沙层，使球获得足够的起飞速度。

2. 沙坑击球的心理调整

在沙坑击球时，保持冷静和自信至关重要。沙坑击球往往会给球员带来一定的心理压力，尤其是在比赛关键时刻。因此，球员需要学会调整自己的心态，保持冷静和自信。可以通过深呼吸、放松肌肉等方法来缓解紧张情绪，增强自信心。

3. 实战应用与策略

（1）判断沙坑类型。在实际比赛中，不同类型的沙坑需要不同的应对策略。例如，有些沙坑可能比较硬实，而有些则可能比较松软。球员需要根据沙坑的类型和条件来选择合适的沙坑杆和击球策略。

（2）观察风向和风速。在沙坑击球时，风向和风速对球的飞行轨迹有着重要影响。球员需要密切观察风向和风速的变化，并据此调整击球的角度和力度。

（3）设定目标落点。在沙坑击球前，球员需要设定一个明确的目标落点。这有助于球员更好地控制球的飞行轨迹和落点，避免球飞出预期范围。

4. 常见错误及纠正方法

（1）过度用力。很多球员在沙坑击球时容易出现过度用力的情况，导致球飞得太远或偏离目标。为了纠正这一问题，球员需要学会控制力度，保持合适的挥杆速度。

（2）杆头触沙过多。有些球员在沙坑击球时，杆头会过多地触及沙层，导致球无法顺利起飞。为了解决这个问题，球员需要调整挥杆的角度和力度，确保杆头干净利落地穿过沙层。

（3）缺乏信心。在沙坑击球时，缺乏信心会影响球员的发挥。为了增强自信心，球员可以通过大量的练习和积累经验来提升自己的技术水平。同时，也可以寻求教练或队友的支持和鼓励。

5. 练习方法与建议

要熟练掌握沙坑击球技巧，球员需要进行大量的练习。以下是一些练习方法与建议。

（1）在不同类型的沙坑中练习。在练习过程中，球员应该尝试在不同类型的沙坑中进行练习，包括深浅不同、软硬不同的沙坑。这有助于球员更好地适应各种沙坑条件，提高应对能力。

（2）注重细节。在练习沙坑击球时，球员应该注重细节的调整。包括站位、球位、杆头选择、挥杆角度和力度等方面都需要仔细调整和优化。通过不断改进细节，球员可以逐渐提高自己的沙坑击球水平。

（3）模拟实战场景。为了更好地将沙坑击球技巧应用于实战中，球员可以在练习中模拟实战场景。例如，设定不同的目标落点、调整风向和风速等因素，让练习更加接近实际比赛环境。

三、长草区中的击球策略

在高尔夫球场中，长草区往往是球员需要面对的一大挑战。与整洁的草坪不同，长草区中的球位不仅难以观察，还可能导致球杆的选择和击球方式发生变化。

1. 长草区的特点与影响

长草区通常位于球场的边缘或障碍物附近，其草质较为茂盛，有时甚至可能掩盖球的部分或全部。在这样的环境中击球，球员面临着多重挑战。首先，长草可能干扰球杆的接触和球的起飞；其次，草地的摩擦和阻力可能影响球的飞行轨迹和距离；最后，长草区的视线不佳，增加了判断球位的难度。

2. 长草区击球策略

（1）选择合适的球杆。在长草区中，选择合适的球杆至关重要。由于草地的阻力，球员可能需要选择比平时更长或更有弹性的球杆，以确保球顺利飞出长草区。同时，也要考虑球杆的挥动范围和准确性，避免打偏或打短。

（2）调整站位和姿势。在长草区中，站位和姿势的调整也非常重要。球员需要确保双脚稳固地站在地面上，身体保持平衡。同时，适当调整球位，使其位于站位的稍前位置，有助于更好地控制球的起飞角度和飞行轨迹。

（3）使用开放式或关闭式站位。根据长草区的具体情况，球员可以考虑使用开放式或关闭式站位。在开放式站位中，前脚指向目标线的左侧，有助于球员从长草中更多地扫出球；而在关闭式站位中，前脚指向目标线的右侧，有助于球员更好地控制球的飞行方向。

（4）采用较轻的挥杆。在长草区中，球员可能需要采用较轻的挥杆，以减少草地的阻力对球的影响。较轻的挥杆也有助于球员更好地控制球的飞行轨迹和距离。

（5）注重球的释放。在长草区中，球的释放尤为重要。球员需要在触球瞬间保持杆头的稳定性，确保杆头干净利落地穿过球和草层，使球获得足够的起飞速度。

3. 心理调整与自信心的建立

在长草区中击球，球员往往容易感到紧张和压力。然而，保持冷静和自信是成功的关键。球员可以通过深呼吸、放松肌肉等方法来缓解紧张情绪，增强自信心。同时，积极的心态和乐观的态度也是必不可少的。相信自己的技术和能力，相信自己能够克服困难，是取得好成绩的重要保证。

4. 实战应用与策略调整

在比赛中，球员需要根据球场的实际情况和比赛形势进行策略调整。例如，在比赛关键时刻遇到长草区球位时，球员可能需要更加谨慎和保守，以确保不出现失误。而在其他情况下，球员则可以更加积极地尝试不同的击球方式和技术，以寻求更好的成绩。

5. 常见错误及纠正方法

（1）过度用力。在长草区中，球员有时会因为急于将球打出长草区而过度用力。这可能导致球打偏或打短。为了纠正这一问题，球员需要学会控制力度，保持适度的挥杆速度。

（2）忽视站位和姿势的调整。站位和姿势的调整对于长草区击球至关重要。如果球员忽视这一点，可能导致球的飞行轨迹不稳定或距离不足。因此，球员需要重视站位和姿势的调整，确保身体平衡和稳定。

（3）缺乏信心。在长草区中击球时，缺乏信心可能会影响球员的发挥。为了增强自信心，球员可以通过大量的练习积累经验，提升自己的技术水平。同时，也可以寻求教练或队友的支持和鼓励。

6. 练习方法与建议

为了熟练掌握长草区击球策略，球员需要进行大量的练习。以下是一些练习方法与建议：

（1）模拟长草区环境。在练习场上，球员可以模拟长草区环境进行练习。例如，在草地上放置一些障碍物或使用特制的练习垫来模拟长草区的阻力。这有助于球员更好地适应长草区击球时的实际情况。

（2）注重细节调整。在练习过程中，球员需要注重细节的调整。包括站位、球位、挥杆角度和力度等方面都需要仔细调整和优化。通过不断改进细节，球员可以逐渐提高自己的长草区击球水平。

（3）模拟实战场景。为了更好地将长草区击球策略应用于实战中，球员可以在练习中模拟实战场景。例如，设定不同的目标落点、调整障碍物的位置和数量等因素，让练习更加接近实际比赛。

第四节 高尔夫比赛中的策略运用

一、根据球场条件选择合适的球杆

在高尔夫比赛中，选择合适的球杆是每位球员取得好成绩的关键。不同的球场条件、球位和风向等因素都会对球杆的选择产生影响。

1. 球场条件与球杆的选择

在高尔夫球场中，各种条件的变化都可能影响球杆的选择。例如，球道的宽度、长度、坡度以及果岭的位置和大小等因素都需要球员综合考虑。对于较窄的球道，球员可能需要选择较短、更精确的球杆，以确保球能够准确地落在目标区域。而对于较长的球道，球员则可能需要选择较长的球杆，以获得足够的距离。

此外，球场的草质和地形也是影响球杆选择的重要因素。某些球场可能采用某些特殊的草种，这些草的草质可能会影响球的滚动和弹跳。因此，球员需要根据球场的草质来选择合适的球杆，以确保球顺利地滚动并停在目标位置。而地形的变化，如坡度、沙坑和水障碍等，也需要球员灵活选择球杆，以适应不同的击球环境和挑战。

2. 根据球位选择合适的球杆

在高尔夫比赛中，球位的选择对于击球的效果至关重要。不同的球位可能需要使用不同的球杆。例如，当球位于草地的边缘时，球员可能需要选择具有较大甜点的球杆，以确保球顺利地飞出草地并落在目标区域。而当球位于沙坑中时，球员需要选择具有足够弹性和控制性的球杆，以确保球从沙坑中顺利飞出并落在目标位置。

此外，球员还需要根据球位的远近来选择合适的球杆。当球距离目标较近时，球员可以选择较短、更精确的球杆，以确保球准确地落在目标区域。而当球距离目标较远时，球员需要选择较长的球杆，以获得足够的距离。

3. 考虑风向和风力对球杆选择的影响

在高尔夫比赛中，风向和风力对球的飞行轨迹和距离有着重要的影响。因此，球员在选择球杆时也需要考虑这些因素。当球员面对逆风时，他们可能需要选择较短、更有控制性的球杆，以减少风阻对球的影响。而当球员面对顺风时，他们可以选择较长、更有力量的球杆，以利用风力帮助球获得更远的距离。

此外，球员还需要根据风力的大小来选择合适的球杆。在风力较大的情况下，球员可能需要选择更有控制性的球杆，以确保球准确地落在目标区域。而在风力较小的情况下，球员可以选择更有力量的球杆，以获得更远的距离。

4. 个人技术水平和比赛策略

在选择球杆时，球员还需要考虑自己的技术水平和比赛策略。不同的球员具有不同的技术特点和优势，因此需要根据自己的技术水平来选择合适的球杆。例如，技术较高的球员可能更倾向于选择具有更大甜点和更高弹性的球杆，以更好地控制球的飞行轨迹和距离。而技术相对较低的球员可能需要选择更稳定、更易于操作的球杆，以确保球落在目标区域。

在比赛策略方面，球员也需要根据比赛形势和对手的表现来灵活选择球杆。例如，在比赛的关键时刻，球员可能需要选择更精确、更有控制性的球杆，以确保球准确地落在目标区域并得分。而在比赛较为轻松的时刻，球员则可以选择更有力量、更具攻击性的球杆，以寻求更高的得分机会。

5. 实战应用与策略调整

在实际比赛中，球员需要根据球场条件和比赛形势进行策略调整。例如，在面对具有挑战性的球场时，球员可能需要更加注重球杆的选择和击球方式的调整，以确保球顺利地落在目标区域并得分。而在面对较为简单的球场时，球员则可以更加注重攻击性和得分机会的把握。

此外，球员还需要在比赛中不断总结经验教训，并根据自己的实际情况进行策略调整。例如，在某些情况下，球员可能需要更加注重球的落点位置，而在其他情况下，他们则需要更加注重球的飞行轨迹和距离。通过不断总结和调整，球员可以逐渐找到最适合自己的球杆选择和击球方式，从而在比赛中取得更好的成绩。

二、调整挥杆策略以应对比赛压力

高尔夫，作为一项要求极高精确度和心理素质的运动，其比赛中挥杆策略的灵活调整对于应对比赛压力至关重要。在紧张的比赛中，球员往往会面临来自环境、对手以及自我期望的多重压力，这些压力如果处理不当，极有可能导致挥杆动作变形，进而影响比赛成绩。因此，学会调整挥杆策略以应对比赛压力，是每个球员必须掌握的技能。

1. 理解比赛压力对挥杆的影响

比赛压力对挥杆的影响主要体现在两个方面：心理层面和生理层面。心理层面上，压力可能导致球员产生焦虑、紧张等负面情绪，这些情绪会干扰球员的判断和决策，使他们在挥杆时犹豫不决或过于急躁。生理层面上，压力可能导致球员产生肌肉紧张、呼吸急促等生理反应，这些反应会直接影响挥杆动作的流畅性和准确性。

2. 通过训练提高挥杆的稳定性

为了应对比赛压力，球员需要在平时的训练中加强挥杆稳定性的练习。包括通过反复练习，使挥杆动作成为肌肉记忆，减少在比赛中因紧张而导致的动作变形。同时，球员还可以尝试通过模拟比赛的情景训练，如增加观众、模拟紧张气氛等，来提高自己在压力下保持挥杆稳定性的能力。

3. 运用心理调节技巧缓解压力

在比赛中，球员可以通过一些心理调节技巧来缓解压力。例如，深呼吸可以帮助球员放松肌肉，稳定情绪；积极的自我暗示可以增强球员的自信心，减少焦虑感；集中注意力则可以帮助球员更好地专注于当前的挥杆动作，避免被其他因素干扰。

4. 灵活调整挥杆策略

在比赛中，球员需要根据实际情况灵活调整挥杆策略。例如，当球员感到紧张时，他们可以选择使用较小的球杆，以减轻挥杆的压力；当球位不佳时，他们可以通过调整站位或握杆方式，来更好地应对球位问题；当面对逆风或长距离击球时，他们可以选择使用更有力量的球杆，以确保球顺利达到目标。

5. 案例分析与实践建议

以著名高尔夫球员"老虎"伍兹为例，他在面对比赛压力时，总是能够保持冷静和自信。他的挥杆动作流畅而稳定，这得益于他平时严格的训练和比赛中对挥杆策略的灵活调整。在面对压力时，伍兹通常会选择使用较小的球杆，以确保挥杆的准确性和稳定性。此外，他还会通过深呼吸和积极的自我暗示来调节自己的心理状态，从而更好地应对比赛压力。

对于普通球员而言，要想在比赛中灵活调整挥杆策略以应对压力，可以从以下几个方面着手。首先，加强平时的挥杆稳定性训练，使自己在压力下能够保持动作的流畅性和准确性；其次，学习和运用一些心理调节技巧，如深呼吸、积极暗示等，来帮助自己缓解压力、增强自信；最后，在比赛中要时刻保持冷静和专注，根据实际情况灵活调整挥杆策略，不被压力所左右。

在高尔夫比赛中，挥杆策略的灵活调整对于应对比赛压力至关重要。球员需要在平时的训练中加强挥杆稳定性的练习，同时学习和运用心理调节技巧来缓解压力。在比赛中，要根据实际情况灵活调整挥杆策略，保持冷静和专注，从而在压力下发挥出自己的最佳水平。通过不断地实践和总结经验，球员可以逐渐提高自己的挥杆水平和心理素质，更好地应对比赛中的各种挑战。

三、制订比赛计划与应对策略

1. 明确比赛目标

在比赛开始前，球员需要明确自己的比赛目标。这可以是获得冠军、打入前几名，或者是达到某个特定的成绩。明确的目标能够帮助球员在比赛中保持专注，制订更加针对性的比赛计划。

2. 分析自身优劣势

在制订比赛计划之前，球员需要全面分析自身的优劣势。这包括自己的技术水平、体能状况、心理素质等方面。通过深入分析，球员可以更加清晰地了解自己的长处和短处，从而在比赛中扬长避短，发挥出最佳水平。

3. 了解赛程与球场情况

在制订比赛计划时，球员还需要充分了解赛程和球场情况。这包括比赛的时间、地点、球场难度、球洞布局等信息。通过对这些信息的了解，球员可以提前做好准备，制定出更加合理的比赛计划。

4. 制订比赛计划

在明确了比赛目标、分析了自身优劣势以及了解了赛程与球场情况后，球员可以开始制订比赛计划。比赛计划应该包括以下几个方面：

（1）击球策略。根据球场难度和球洞布局，制订合适的击球策略。例如，在面对长距离击球时，可以选择使用更有力量的球杆；在面对复杂的球洞布局时，需要调整站位和角度，确保球能够顺利进洞。

（2）时间管理。高尔夫比赛通常有时间限制，球员需要在规定时间内完成击球。因此，在制订比赛计划时，球员需要合理安排时间，确保能够在规定时间内完成比赛。

（3）体能分配。高尔夫比赛对体能的要求很高，球员需要在比赛中合理分配体能。在制订比赛计划时，球员需要根据球场难度和自身状况，合理安排击球顺序和休息时间，确保在比赛中保持最佳状态。

5. 制订应对策略

除了比赛计划外，球员还需要制订应对策略，以应对比赛中可能出现的各种情况。

（1）应对压力。在比赛中，球员往往会面临来自环境、对手以及自我的压力。为了应对这些压力，球员需要制订相应的心理调节策略，如深呼吸、积极暗示等，以保持良好的心态和状态。

（2）应对失误。在高尔夫比赛中，失误是不可避免的。为了应对失误，球员需要保持冷静和自信，及时调整策略，尽量减少失误对比赛的影响。例如，当球员出现一次失误时，可以选择保守击球，以确保下一次击球的准确性。

（3）应对突发状况。在比赛中，可能会出现一些突发状况，如球杆损坏、天气突变等。为了应对这些突发状况，球员需要提前做好准备，携带备用球杆、做好防雨措施等，以确保比赛顺利进行。

6. 实时调整与总结

比赛过程中，球员需要根据实际情况实时调整比赛计划与应对策略。例如，当球场难度发生变化或自身状态出现波动时，球员需要及时调整击球策略和时间管理，以确保比赛顺利进行。

比赛结束后，球员需要对整个比赛过程进行总结和反思。这包括分析自己在比赛中的表现、找出存在的问题和不足以及提出改进的建议和措施。通过总结和反思，球员可以不断提高自己的比赛水平和应对能力，为未来的比赛做好充分的准备。

7. 案例分析与实践建议

以著名高尔夫球员"老虎"伍兹为例，他在比赛中总是能够制定出合理的比赛计划与应对策略。在面对不同的球场和对手时，伍兹总是能够迅速适应并发挥出自己的最佳水平。这得益于他丰富的比赛经验和出色的心理素质。

对于普通球员而言，要想制定出合理的比赛计划与应对策略，可以从以下几个方面着手。首先，加强对自身技术和心理状况的了解和分析；其次，多参加不同类型的比赛和训练，提高自己的适应能力和应变能力；最后，在比赛中保持冷静和自信，根据实际情况灵活调整策略并总结经验教训。

在高尔夫比赛中，制订合理的比赛计划与应对策略对于取得优异成绩至关重要。球员需要明确比赛目标、分析自身优劣势、了解赛程与球场情况、制订击球策略和时间管理计划等。同时，还需要制订应对压力、失误和突发状况的策略。通过不断地实践和总结经验教训，球员可以逐渐提高自己的比赛水平和应对能力，为未来的比赛做好充分的准备。

第五章　高尔夫挥杆常见错误及纠正

第一节　常见挥杆错误类型

一、杆头轨迹错误及纠正

在高尔夫运动中，挥杆动作是核心技术之一，它直接决定了球飞行的方向、距离和准确性。然而，许多球员在挥杆过程中会出现各种错误，其中最常见的就是杆头轨迹错误。这些错误不仅会影响球的飞行效果，还可能导致球员身体受伤。因此，对于高尔夫球员来说，识别并纠正杆头轨迹错误至关重要。

1. 杆头轨迹错误的类型

（1）由内至外。这种错误轨迹常见于初学者。在挥杆过程中，杆头从球的内侧开始向下击打，然后向外侧移动。对于右手球员来说，这种轨迹会导致球向右偏转。

（2）由外至内。这种轨迹通常发生在球员试图用力击打或过度旋转身体时。杆头从球的外侧开始向下击打，然后向内移动。对于右手球员来说，这种轨迹会导致球向左偏转。

（3）过度上旋。这种轨迹发生在球员在挥杆达到顶点时，杆头过于远离身体，导致击打到球的上方。这会使球产生过多的后旋，影响飞行距离和准确性。

（4）下挖。这种轨迹发生在球员在击打过程中，杆头过早地接触地面，导致击打到球的下方。这会使球向上飞起，飞行轨迹不稳定。

2. 杆头轨迹错误的影响

（1）影响球的飞行方向。错误的杆头轨迹会导致球偏离目标线，从而影响准确性。

（2）影响球的飞行距离。错误的轨迹可能导致球产生过多的旋转或受到更大的空气阻力，从而减少飞行距离。

（3）增加身体受伤的风险。错误的挥杆轨迹可能导致球员的身体在击球过程中承受不必要的压力和扭转，从而增加受伤的风险。

3. 纠正杆头轨迹错误的方法

（1）练习基本挥杆动作。确保你的基本挥杆动作是正确的。这包括正确的站位、握杆方式、身体转动方式和手臂与杆头的协调。通过反复练习基本动作，可以帮助你建立正确的肌肉记忆和挥杆轨迹。

（2）使用挥杆镜或视频分析工具。这些工具可以帮助你观察和分析自己的挥杆轨迹。通过观察挥杆过程中的影像，你可以更清楚地识别出错误的轨迹，并找到纠正的方法。

（3）练习击打不同位置的球。在练习场上，尝试击打不同位置的球，如左侧、右侧、前方和后方的球。这可以帮助你提高身体对球位的适应性和控制能力，从而更容易调整杆头轨迹。

（4）注重身体转动和平衡。在挥杆过程中，确保你的身体转动是顺畅而协调的。同时，保持身体平衡可以帮助你更好地控制杆头轨迹。在练习时，可以注重练习身体转动和平衡的动作，以提高挥杆的稳定性。

（5）寻求专业教练的指导。如果你发现自己无法独自纠正杆头轨迹错误，寻求专业教练的指导是一个明智的选择。专业教练可以针对你的具体情况提供个性化的建议和指导，帮助你更快地纠正错误并提高挥杆水平。

4. 练习策略与建议

（1）定期练习。要想纠正杆头轨迹错误，需要付出持续的时间和努力。因此，建议制订一个定期的练习计划，每周安排一定的时间来专注于挥杆练习。

（2）设定具体目标。在练习过程中，设定具体而可衡量的目标可以帮助你更好地评估自己的进步和效果。例如，你可以将目标设定为在每次练习中连续打出10个正确的挥杆轨迹。

（3）保持耐心和信心。纠正杆头轨迹错误可能需要一段时间，因此保持耐心和信心至关重要。要相信自己的能力，并相信通过不断的练习和努力，你一定能够成功纠正这些错误。

　　杆头轨迹错误是高尔夫挥杆中常见的问题之一，但通过正确的练习方法和策略，这些错误是可以被纠正的。通过注重基本挥杆动作的练习、使用挥杆镜或视频分析工具、练习击打不同位置的球、注重身体转动和平衡以及寻求专业教练的指导等方法，你可以逐步改善自己的挥杆轨迹，提高球的飞行效果并降低受伤风险。记住，保持耐心和信心是成功的关键。坚持练习并相信自己，你一定能够成为一名优秀的高尔夫球员。

二、杆面角度错误及纠正

　　在高尔夫运动中，杆面角度对于球的飞行轨迹起着至关重要的作用。一个微小的杆面角度变化都可能导致球的方向、距离和滚动产生显著差异。掌握正确的杆面角度并避免常见的错误是每个高尔夫球员都必须努力追求的目标。

1. 杆面角度错误的类型

　　（1）开放杆面。当杆面在击球时相对于目标线呈开放状态时，称为开放杆面。这通常会导致球向右偏转（对于右手球员）。这种错误常见于初学者或那些试图用力击打球的球员。

　　（2）关闭杆面。与开放杆面相反，关闭杆面是指杆面在击球时相对于目标线呈关闭状态。这会导致球向左偏转（对于右手球员）。这种错误常见于那些试图避免右曲球的球员，他们可能会过度补偿，导致杆面过于关闭。

　　（3）翻转杆面。在挥杆过程中，如果球员在击球前突然翻转杆面，这种错误称为翻转杆面。它可能导致球产生突然的侧旋，影响飞行轨迹和准确性。

　　（4）杆面不稳定。对于许多球员来说，保持杆面在挥杆过程中的稳定性是一种挑战。如果杆面在挥杆过程中不断变化，那么球的飞行轨迹也会变得不稳定。

2. 杆面角度错误的影响

　　（1）影响球的飞行方向。错误的杆面角度会导致球偏离目标线，从而降低准确性。

　　（2）影响球的飞行距离。错误的杆面角度可能导致球产生过多的侧旋，从而减少飞行距离。

（3）增加身体受伤的风险。为了弥补杆面角度错误，球员可能会采取不正确的身体动作或姿势，从而增加受伤的风险。

3. 纠正杆面角度错误的方法

（1）理解杆面角度的重要性。球员需要明白杆面角度对球飞行轨迹的影响。了解不同杆面角度如何影响球的飞行方向、距离和滚动是非常重要的。

（2）练习正确的握杆方式。握杆方式是影响杆面角度的关键因素之一。确保你的握杆方式正确，可以帮助你更好地控制杆面角度。尝试使用中性握杆或稍微强势的握杆方式，这有助于保持杆面的稳定性。

（3）练习基础挥杆动作。通过反复地练习基础挥杆动作，可以帮助你建立正确的肌肉记忆和挥杆轨迹。这包括正确的站位、身体转动方式、手臂和手腕的动作等。

（4）使用练习辅助工具。使用练习辅助工具，如对齐杆、练习垫或视频分析工具，可以帮助你更好地观察和分析自己的杆面角度，识别并纠正错误的杆面角度。

（5）注重身体平衡和稳定性。保持身体平衡和稳定性对于控制杆面角度至关重要。在挥杆过程中，应确保你的身体重心稳定，身体转动顺畅。同时，注重核心力量的训练，这有助于提高身体稳定性和控制力。

（6）寻求专业教练的指导。如果你发现自己无法独自纠正杆面角度错误，寻求专业教练的指导是一个明智的选择。专业教练可以针对你的具体情况提供个性化的建议和指导，帮助你更快地纠正错误并提高挥杆水平。

4. 练习策略与建议

（1）定期练习。要想纠正杆面角度错误，需要付出持续的时间和努力。因此，建议制订一个定期的练习计划，每周安排一定的时间来专注于挥杆练习。

（2）设定具体目标。在练习过程中，设定具体而可衡量的目标可以帮助你更好地评估自己的进步和效果。例如，你可以将目标设定为在每次练习中连续打出10个具有稳定杆面角度的击球。

（3）注重细节。在练习过程中，注重细节是非常重要的。应仔细观察自己的挥杆动作和杆面角度变化，及时发现并纠正错误。同时，保持耐心和信心，相信自己能够逐渐改进和提高。

（4）多种练习方式结合。为了更有效地纠正杆面角度错误，你可以尝试多种练习方式结合。例如，在练习场上进行基础挥杆练习、使用对齐杆进行对准练习、进行有针对性的击球练习等。

杆面角度错误是高尔夫挥杆中常见的问题之一，但通过正确的练习方法和策略，这些错误是可以被纠正的。通过理解杆面角度的重要性、练习正确的握杆方式、练习基础挥杆动作、使用练习辅助工具、注重身体平衡和稳定性以及寻求专业教练的指导等方法，你可以逐步改善自己的杆面角度控制能力，提高球的飞行效果并降低受伤风险。记住，保持耐心和信心是成功的关键。坚持练习并相信自己，你一定能够成为一名优秀的高尔夫球员。

三、击球角度错误及纠正

在高尔夫运动中，击球角度是指球杆面与地面之间的角度，它直接决定了球的起飞角度和飞行轨迹。合适的击球角度能够帮助球员实现理想的飞行距离和落点，而错误的击球角度则可能导致球飞得太高、太远或太近。掌握正确的击球角度并避免常见的错误是每个高尔夫球员都必须关注的技术要点。

1. 击球角度错误的类型

（1）过高的击球角度。球员在击球时杆面过于朝上，导致球的起飞角度过高，这通常会使球飞得太高而迅速下落，影响飞行距离和准确性。过高的击球角度常见于那些试图用力量抬起球头的球员，或者是站位时身体过于后仰的球员。

（2）过低的击球角度。与过高的击球角度相反，过低的击球角度是指球员在击球时杆面过于朝下，导致球的起飞角度过低，这会使球飞得太低而难以控制，容易滚动过远或产生不理想的弹道。过低的击球角度常见于那些试图避免打出高飞球的球员，他们可能会过度压低杆面。

（3）不一致的击球角度。对于许多球员来说，保持一致的击球角度是一种挑战。如果在挥杆过程中击球角度不断变化，那么球的飞行轨迹也会变得不稳定，难以预测和控制。

2. 击球角度错误的影响

（1）影响飞行距离。错误的击球角度可能导致球飞得过高或过低，从而影响飞行距离。过高的击球角度会使球迅速失去高度并提前下落，而过低的击球角度则可能导致球无法获得足够的升力，飞行距离受限。

（2）影响落点的准确性。错误的击球角度可能导致球落在目标区域之外，降低准确性。过高的击球角度可能导致球落在目标前方，而过低的击球角度则可能使球落在目标后方或偏离目标线。

（3）增加身体受伤的风险。为了弥补击球角度错误，球员可能会采取不正确的身体动作或姿势，从而增加受伤的风险。例如，过度使用背部或肩部的力量来抬起球头，可能导致这些部位受伤。

3. 纠正击球角度错误的方法

（1）调整站位姿势。正确的站位姿势是建立正确击球角度的基础。球员应该站在球的后面，保持身体平衡，双脚分开与肩同宽或略宽，膝盖微屈，脊椎挺直但不过于僵硬。通过调整站位姿势，球员可以更好地控制球杆面与地面的角度。

（2）练习正确的挥杆轨迹。正确的挥杆轨迹有助于球员保持稳定的击球角度。在练习时，球员应该注重将球杆从球后方向上方挥起，然后在击球时保持杆面与地面之间的适当角度。通过反复练习正确的挥杆轨迹，球员可以逐渐培养出稳定的击球角度感。

（3）注重身体协调性和平衡性。在击球过程中，球员需要保持身体的协调性和平衡性。通过合理地运用身体力量，球员可以更好地控制球杆面与地面之间的角度。例如，在击球时，球员可以利用腿部的力量推动身体转动，并通过核心肌群的稳定性来保持身体的平衡。

（4）使用练习辅助工具。使用练习辅助工具可以帮助球员更好地观察和纠正自己的击球角度。例如，球员可以使用击球角度指示器或击球练习垫等工具来检查自己的击球角度是否合适。通过不断观察和调整，球员可以逐渐纠正错误的击球角度。

（5）寻求专业教练的指导。如果球员发现自己无法独自纠正击球角度错误，寻求专业教练的指导是一个明智的选择。专业教练可以针对球员的具体情况提供个性化的建议和指导，帮助球员更快地纠正错误并提高挥杆水平。

4.练习策略与建议

（1）定期练习。要想纠正击球角度错误，需要付出持续的时间和努力。因此，建议球员制订一个定期的练习计划，每周安排一定的时间来专注于击球角度的练习。

（2）设定具体目标。在练习过程中，设定具体而可衡量的目标可以帮助球员更好地评估自己的进步和效果。例如，球员可以将目标设定为在每次练习中连续打出具有稳定击球角度的击球。

（3）注重细节。在练习过程中，注重细节是非常重要的。球员应该仔细观察自己的站位姿势、挥杆轨迹和击球角度变化，及时发现并纠正错误。同时，保持耐心和信心，相信自己能够逐渐改进和提高。

（4）多种练习方式结合。为了更有效地纠正击球角度错误，球员可以尝试多种练习方式结合。例如，在练习场上进行基础挥杆练习、使用击球角度指示器进行对准练习、进行有针对性的击球练习等。

四、杆面倾角错误及纠正

在高尔夫运动中，杆面倾角是指球杆面在击球时的开放或关闭程度，它对于球的飞行方向和准确性有着至关重要的影响。正确的杆面倾角能够确保球沿着目标线飞行，而错误的杆面倾角则可能导致球偏离目标，产生不必要的偏差。了解和纠正杆面倾角错误是每个高尔夫球员都必须掌握的基本技能。

1.杆面倾角错误的类型

（1）开放杆面。当球杆的杆面在击球时朝向目标线的外侧，即朝向球员身体的右侧（对于右手球员而言），称之为开放杆面。这种错误的杆面倾角会导致球向右偏（对于右手球员而言）。开放杆面通常是由于球员在挥杆过程中过度使用右手或右臂，或者在击球时未能保持正确的身体对齐。

（2）关闭杆面。与开放杆面相反，关闭杆面是指球杆的杆面在击球时朝向目标线的内侧，即朝向球员身体的左侧（对于右手球员而言）。这种错误的杆面倾角会导致球向左偏（对于右手球员而言）。关闭杆面通常是由于球员在挥杆过程中过度使用左手或左臂，或者在击球时未能正确旋转身体。

（3）不一致的杆面倾角。一些球员在挥杆过程中杆面倾角不断变化，这可能是缺乏稳定性、技术不熟练或身体动作不协调等原因造成的。不一致的杆面倾角会导致球的飞行轨迹不稳定，难以预测和控制。

2. 杆面倾角错误的影响

（1）影响球的飞行方向。错误的杆面倾角会直接导致球的飞行方向偏离目标线，使球员难以将球准确地击入目标区域。这不仅会影响球员的成绩，还可能增加心理压力，影响自信心。

（2）降低准确性。杆面倾角错误会使球员难以控制球的落点，增加击球的失误率。这不仅会影响球员在比赛中的表现，还可能影响其在练习场上的进步速度。

（3）增加身体受伤的风险。为了弥补杆面倾角错误，球员可能会采取不正确的身体动作或姿势，从而增加受伤的风险。例如，过度使用某一侧的身体可能导致肌肉疲劳或拉伤。

3. 纠正杆面倾角错误的方法

（1）调整站位姿势。正确的站位姿势是建立正确杆面倾角的基础。球员应该站在球的后面，保持身体平衡，双脚分开与肩同宽或略宽，膝盖微屈，脊椎挺直但不过于僵硬。在调整站位姿势时，球员应该使身体保持正确的对齐和平衡，确保球杆面与目标线平行。

（2）练习正确的挥杆轨迹。正确的挥杆轨迹有助于球员保持稳定的杆面倾角。在练习时，球员应该注重将球杆从球后方向上方挥起，然后在击球时保持杆面与目标线平行。通过反复练习正确的挥杆轨迹，球员可以逐渐培养出稳定的杆面倾角感。

（3）注重身体协调性和平衡性。在击球过程中，球员需要保持身体的协调性和平衡性。通过合理地运用身体力量，球员可以更好地控制球杆面与目标线的关系。例如，在击球时，球员可以通过身体的协调，利用腿部的力量推动身体转动，并通过核心肌群的稳定性来保持身体的平衡。

（4）使用练习辅助工具。使用练习辅助工具可以帮助球员更好地观察和纠正自己的杆面倾角错误。例如，球员可以使用杆面倾角指示器或击球练习垫等工具来检查自己的杆面倾角是否合适。通过不断观察和调整，球员可以逐渐纠正错误的杆面倾角。

（5）寻求专业教练的指导。如果球员发现自己无法独自纠正杆面倾角错误，寻求专业教练的指导是一个明智的选择。专业教练可以针对球员的具体情况提供个性化的建议和指导，帮助球员更快地纠正错误并提高挥杆水平。

4. 练习策略与建议

（1）定期练习。要想纠正杆面倾角错误，需要付出持续的时间和努力。因此，建议球员制订一个定期的练习计划，每周安排一定的时间来专注于杆面倾角的练习。

（2）设定具体目标。在练习过程中，设定具体而可衡量的目标可以帮助球员更好地评估自己的进步和效果。例如，球员可以将目标设定为在每次练习中连续打出具有稳定杆面倾角的击球。

（3）注重细节。在练习过程中，注重细节是非常重要的。球员应该仔细观察自己的站位姿势、挥杆轨迹和杆面倾角变化，及时发现并纠正错误。同时，保持耐心和信心，相信自己能够逐渐改进和提高。

（4）多种练习方式结合。为了更有效地纠正杆面倾角错误，球员可以尝试多种练习方式结合。例如，在练习场上进行基础挥杆练习，同时结合模拟击球练习和视频分析等方式，以便全面地提升自己的挥杆技术。

（5）反馈与调整。在练习过程中，球员应该经常回顾自己的表现，分析杆面倾角是否有所改善，并根据实际情况调整练习策略。如果发现自己的进步不明显，不妨寻求专业教练的反馈和建议，以便更有针对性地改进。

杆面倾角错误是高尔夫挥杆中常见的错误之一，它会对球的飞行方向和准确性产生重要影响。为了纠正这种错误，球员需要了解不同类型的杆面倾角错误及其影响，并采取相应的练习策略。通过定期练习、设定具体目标、注重细节、多种练习方式结合以及及时反馈与调整，球员可以逐渐纠正杆面倾角错误，提高自己的挥杆水平。同时，保持耐心和信心也是非常重要的。相信只要付出足够的努力和时间，每个高尔夫球员都能够掌握正确的杆面倾角技巧，享受高尔夫运动带来的乐趣和挑战。

五、击球位置错误及纠正

在高尔夫运动中,挥杆技术的正确与否直接关系到球员的成绩和体验。其中,击球位置错误是一种常见的挥杆错误类型,它可能导致球飞行的方向偏离预期,甚至影响球员的自信心。

1. 击球位置错误的类型

击球位置错误主要表现在球与球杆接触点的位置不正确,这通常与球员站位、身体姿势、挥杆轨迹等多个因素有关。常见的击球位置错误包括:

（1）击球点过于靠前。当球员在挥杆过程中将球击打在球杆面过于靠前的位置时,可能导致球向上飞起,并偏离目标方向。这通常是因为球员在站位时身体过于向前倾斜,或者在挥杆过程中没有保持正确的身体姿势。

（2）击球点过于靠后。击球点过于靠后时,球可能会向下击打,导致球飞行轨迹偏低,甚至可能使球员错过击球。这种错误通常是由于球员在站位时身体过于向后倾斜,或者在挥杆过程中没有正确地控制杆头轨迹。

（3）击球点偏左或偏右。如果球员在挥杆过程中没有保持正确的身体对齐和杆面倾角,可能会导致击球点偏左或偏右。这种情况下,球可能会向左或向右偏离预期的方向。

2. 击球位置错误的影响

击球位置错误不仅会影响球的飞行轨迹和准确性,还可能对球员的自信心产生负面影响。错误的击球位置可能导致球员在比赛中失去控制,无法发挥出自己的最佳水平。此外,长期的击球位置错误还可能导致球员在身体姿势和挥杆技术方面形成不良的习惯,进一步加剧挥杆问题。

3. 纠正击球位置错误的方法

为了纠正击球位置错误,球员可以从以下几个方面入手:

（1）调整站位和姿势。正确的站位和姿势是确保击球位置正确的基础。球员应该站在球的合适位置,确保身体平衡且稳定。同时,球员应该保持正确的身体姿势,包括适当的膝盖弯曲、臀部向后转动以及身体重心的合理分配等。

（2）练习挥杆轨迹。挥杆轨迹对于确保击球位置正确至关重要。球员可以通过练习空挥杆、使用练习垫或者进行击球练习来培养正确的挥杆轨迹。在练习过程中，球员应该注重控制杆头轨迹，确保杆头在击球时处于正确的位置。

（3）注重身体正确的对齐。身体对齐是影响击球位置的关键因素之一。球员应该确保双脚、臀部、肩膀和眼睛等关键部位在击球时保持正确的对齐。在练习过程中，球员可以使用对齐工具或者进行身体对齐练习来提高身体对齐的准确性。

（4）控制杆面倾角。杆面倾角对于确保击球位置正确同样重要。球员应该掌握正确的杆面倾角技巧，并在挥杆过程中保持杆面倾角的稳定性。在练习过程中，球员可以通过使用练习垫、进行杆面倾角练习或者参考专业教练的指导来提高杆面倾角的控制能力。

（5）定期回顾与调整。在纠正击球位置错误的过程中，球员应该定期回顾自己的练习成果，分析击球位置是否有所改善。如果发现自己的进步不明显或者出现了新的问题，球员应该及时调整练习策略和方法，以便更有效地纠正错误。

击球位置错误是高尔夫挥杆中常见的错误类型之一，但通过正确的练习和调整，球员可以逐渐纠正这种错误并提高挥杆技术的准确性。为了更有效地纠正击球位置错误，球员应该注重调整站位和姿势、练习挥杆轨迹、注重身体正确的对齐、控制杆面倾角以及定期回顾与调整。同时，球员还应该保持耐心和信心，相信只要付出足够的时间和努力就一定能够掌握正确的挥杆技术并享受高尔夫运动带来的乐趣和挑战。

在实际练习过程中，球员可以结合个人特点和实际情况制订适合自己的练习计划和方法。此外，寻求专业教练的指导和反馈也是非常重要的，专业教练可以帮助球员更准确地发现问题并提供针对性的建议和指导。通过不断练习和调整，球员一定能够逐渐纠正击球位置错误并提高自己的高尔夫水平。

六、杆头底角错误及纠正

在高尔夫运动中，挥杆动作的质量直接决定了球是否能够按照预期的方向和距离飞行。其中，杆头底角是挥杆过程中一个至关重要的因素。杆头底角，即杆头在击球瞬间的角度，对球的飞行轨迹、弹道和滚动距离有着决定性的影响。然而，许多高尔夫球员在挥杆过程中都存在杆头底角错误的问题，这不仅影响了他们的击球效果，也限制了他们的技能提升。

1. 杆头底角错误类型

（1）杆头抬起过高。杆头抬起过高是一种常见的杆头底角错误。当球员在挥杆过程中，特别是在下杆阶段，将杆头抬得过高，会导致杆头在击球时的底角过大，从而使球产生过多的后旋，影响球的飞行距离和弹道。这种错误的产生往往与球员的身体动作，尤其是肩部和髋部的转动不足有关。

（2）杆头过低。杆头过低也是一种常见的杆头底角错误。当球员在挥杆过程中，特别是在下杆阶段，将杆头压得过低，会导致杆头在击球时的底角过小，从而使球产生不足的后旋，影响球的滚动距离和稳定性。这种错误的产生通常与球员的身体动作，尤其是手臂和手腕的过度用力有关。

2. 纠正杆头底角错误的方法

（1）调整身体动作。要纠正杆头底角错误，首先需要调整球员的身体动作。在下杆阶段，球员应确保肩部和髋部的充分转动，以带动杆头形成正确运动轨迹。同时，球员还需要注意保持上半身的稳定，避免过早抬起头部或过度转动上半身，这有助于保持杆头的正确底角。

（2）控制手臂和手腕的动作。手臂和手腕的动作对杆头底角也有很大影响。在挥杆过程中，球员需要保持手臂和手腕的放松，避免过度用力或过度紧张。特别是在下杆阶段，球员应确保手臂和手腕的协调运动，以带动杆头形成正确运动轨迹。

（3）练习正确的挥杆节奏。挥杆节奏也是影响杆头底角的重要因素。球员需要通过大量的练习，逐渐掌握正确的挥杆节奏，确保在每个阶段都能保持稳定的杆头速度和角度。正确的挥杆节奏不仅有助于提高击球的准确性，还有助于保持杆头的正确底角。

（4）寻求专业指导。对于许多高尔夫球员来说，纠正杆头底角错误可能需要寻求专业教练的指导。专业教练可以针对球员的具体情况，制订个性化的训练计划，帮助球员更快地掌握正确的挥杆技巧和动作。同时，专业教练还能及时纠正球员在训练中出现的错误，确保球员的技能得到稳步提升。

杆头底角错误是高尔夫挥杆过程中常见的问题之一，但通过调整身体动作、控制手臂和手腕的动作、练习正确的挥杆节奏以及寻求专业指导等方法，球员可以有效地纠正这些错误。在纠正杆头底角错误的过程中，球员需要保持耐心和毅力，不断地进行练习和调整。只有这样，球员才能逐渐掌握正确的挥杆技巧，提高击球效果，享受高尔夫运动的乐趣。

杆头底角错误对高尔夫挥杆的影响不容忽视。球员应充分了解杆头底角错误的类型及其产生原因，并采取有效的方法进行纠正。通过不断的练习和调整，球员可以逐渐改善挥杆技巧，提高击球效果，实现技能的提升和突破。同时，球员也应保持积极的心态和信心，相信自己能够克服困难，成为优秀的高尔夫球员。

七、杆头速度错误及纠正

在高尔夫运动中，杆头速度是决定击球效果的重要因素之一。杆头速度不仅影响球的飞行距离，还与球的弹道、旋转和落点准确性密切相关。然而，许多高尔夫球员在挥杆过程中存在杆头速度错误的问题，这往往导致了不理想的击球效果。

1. 杆头速度错误类型

（1）杆头速度过慢。杆头速度过慢是高尔夫挥杆中常见的错误之一。当球员在挥杆过程中缺乏足够的杆头速度时，球将无法获得足够的动力，导致飞行距离不足。这种情况通常与球员的身体力量、技术动作和挥杆节奏有关。

（2）杆头速度过快。与杆头速度过慢相反，杆头速度过快也可能导致问题。当球员在挥杆过程中过度用力或急于求成时，可能会导致杆头速度过快，从而使球产生过多的旋转或偏离预定轨迹。这种错误的产生往往与球员的心理状态、技术动作和力量控制有关。

2. 影响杆头速度的因素

（1）身体力量。身体力量是影响杆头速度的关键因素之一。球员需要具备足够的身体力量来产生足够的杆头速度，从而确保球能够获得足够的动力。然而，力量的使用需要恰到好处，过度用力或不足都可能导致杆头速度错误。

（2）技术动作。技术动作的正确性对杆头速度有着重要影响。正确的挥杆动作可以帮助球员更有效地利用身体力量，从而产生更快的杆头速度。相反，错误的技术动作可能导致力量浪费或分散，使杆头速度下降。

（3）挥杆节奏。挥杆节奏是影响杆头速度的另一个重要因素。稳定的挥杆节奏可以帮助球员更好地控制力量输出和杆头速度。然而，过于急躁或拖沓的挥杆节奏都可能导致杆头速度不稳定或不足。

3. 纠正杆头速度错误的方法

（1）增强身体力量训练。要提高杆头速度，球员首先需要增强身体力量训练。通过进行有针对性的力量训练，如核心肌群、下肢和上肢的训练，球员可以增加身体的力量和爆发力，从而为挥杆提供足够的动力。

（2）优化技术动作。技术动作的优化是提高杆头速度的关键。球员应该寻求专业教练的指导，对自己的挥杆动作进行细致的分析和调整。通过改进技术动作，球员可以更有效地利用身体力量，提高杆头速度。

（3）控制挥杆节奏。保持稳定的挥杆节奏对于提高杆头速度至关重要。球员应该通过大量的练习，逐渐掌握稳定的挥杆节奏。在挥杆过程中，球员应该注重身体的协调性和力量的均匀输出，避免过于急躁或拖沓的节奏。

（4）心理素质培养。心理素质对于控制杆头速度同样重要。球员需要保持冷静和自信的心态，避免在挥杆过程中受到外部干扰或心理压力的影响。通过培养良好的心理素质，球员可以更好地控制自己的力量和节奏，从而提高杆头速度。

杆头速度错误是高尔夫挥杆中常见的问题之一，但通过增强身体力量训练、优化技术动作、控制挥杆节奏和培养良好的心理素质等方法，球员可以有效地纠正这些错误。在纠正杆头速度错误的过程中，球员需要保持耐心和毅力，不断地进行练习和调整。只有这样，球员才能逐渐提高杆头速度，改善击球效果，享受高尔夫运动的乐趣。同时，球员也应该意识到，提高杆头速度并不是一蹴而就的，需要长时间的积累和努力。因此，球员应该保持积极的心态和信心，相信自己能够克服困难，成为优秀的高尔夫球员。

第二节　错误产生的原因分析

一、身体动作不协调

高尔夫运动中的挥杆动作是高度协调且复杂的全身运动。它要求球员在极短的时间内，通过身体多个部位的协同工作，将力量、速度和方向完美地结合在一起，以实现理想的击球效果。然而，在实际的高尔夫挥杆过程中，很多球员常常会出现身体动作不协调的情况，这不仅影响了挥杆的效果，还可能引发各种挥杆错误。

1. 身体动作不协调的表现

在高尔夫挥杆过程中，身体动作不协调的表现多种多样。常见的包括身体各部分动作顺序混乱、动作间衔接不流畅、身体力量不能有效传递至杆头、身体稳定性不足等。这些不协调的动作不仅影响了挥杆的整体效率，还可能导致杆面角度错误、挥杆轨迹不稳定等一系列问题。

2. 身体动作不协调的原因

（1）缺乏基础体能训练。高尔夫挥杆需要球员具备良好的身体基础，包括力量、柔韧性、平衡感和协调性等。如果球员缺乏这些基础体能训练，就很难在挥杆过程中实现身体的协调配合。例如，缺乏核心力量的球员在挥杆时可能出现身体晃动、重心不稳等问题；柔韧性不足的球员则可能在某些动作中受到限制，导致动作变形或衔接不畅。

（2）技术动作不规范。规范的技术动作是实现高尔夫挥杆协调性的关键。如果球员的技术动作不规范，就很难保证身体各部位在挥杆过程中的协调配合。如果球员的站姿不正确，就可能导致身体在挥杆过程中出现扭曲或转动不足；如果球员的转身动作不流畅，就可能导致身体力量无法有效传递至杆头。

（3）心理因素干扰。心理因素在高尔夫挥杆中也起着重要作用。如果球员在挥杆过程中受到紧张、焦虑等负面情绪的干扰，就可能导致身体动作变得僵硬或不协调。此外，过于关注某个细节或结果也可能使球员在挥杆时失去整体的协调性。

（4）练习方法不当。练习方法的选择对于高尔夫挥杆协调性的培养至关重要。如果球员采用的练习方法不当，就可能导致身体动作不协调。例如，过度强调某个部位的动作而忽视其他部位的配合，或者长时间进行单一动作的练习而忽视整体动作的协调性等。

3. 改善身体动作不协调的建议

（1）加强基础体能训练。球员应该注重加强基础体能，包括力量、柔韧性、平衡感和协调性等的训练。通过有针对性的训练，提高身体的综合素质，为高尔夫挥杆的协调性打下坚实基础。

（2）规范技术动作。球员应该寻求专业教练的指导，对自己的技术动作进行规范。通过学习和掌握正确的高尔夫挥杆技术，确保身体各部位在挥杆过程中的协调配合。

（3）调整心理状态。球员应该学会调整自己的心理状态，保持放松和自信的心态。在挥杆过程中，尽量避免受到负面情绪的干扰，保持平和的心态有助于提高身体动作的协调性。

（4）采用科学的练习方法。球员应该采用科学的练习方法，注重整体动作的协调性和流畅性。在练习过程中，不仅要关注单个部位的动作，还要注重整体动作的配合和衔接。同时，合理安排练习时间和强度，避免过度训练导致身体疲劳和动作变形。

高尔夫挥杆中的身体动作不协调是一个常见但复杂的问题。它的产生与球员的基础体能训练、技术动作规范性、心理状态以及练习方法等多个因素密切相关。为了解决这一问题，球员需要从多个方面入手，加强基础体能训练、规范技术动作、调整心理状态并采用科学的练习方法。只有这样，球员才能在高尔夫挥杆中实现身体的协调配合，提高挥杆效率和击球质量。同时，球员也应该认识到改善身体动作不协调是一个长期而持续的过程，需要不断地进行练习和调整。因此，保持耐心和毅力对于球员来说至关重要。

二、心理因素影响

高尔夫运动，作为一项注重技术与心理双重结合的精英运动，对于球员的心理素质有着极高的要求。在高尔夫挥杆过程中，心理因素对挥杆技术的发挥起着至关重要的作用。当球员受到心理因素的干扰时，即使是平时训练有素的技术动作也可能出现偏差，导致挥杆错误。

1. 心理因素影响的表现

在高尔夫挥杆过程中，心理因素的影响表现在多个方面。首先，紧张情绪是最常见的心理干扰。当球员面临重要的比赛或关键时刻，往往会出现心跳加速、呼吸急促等紧张症状，导致挥杆动作变得僵硬或不流畅。其次，焦虑情绪也可能影响球员的挥杆表现。过度担心击球效果、担心失误等焦虑情绪会使球员在挥杆前产生犹豫或不安，从而影响技术的正常发挥。此外，缺乏自信、注意力分散、过度关注细节等心理因素也可能导致挥杆错误。

2. 心理因素影响的原因

（1）比赛压力与期望值。高尔夫比赛往往伴随着巨大的压力，尤其是在重要的赛事或关键时刻。球员可能因为对成绩的期望过高，导致心理压力增大，进而影响挥杆表现。此外，来自外界的关注、评价以及自我期望也可能使球员在挥杆时产生不必要的紧张情绪。

（2）注意力分散与过度关注。在高尔夫挥杆过程中，保持注意力的集中至关重要。然而，当球员受到外界干扰或自我怀疑时，注意力可能会分散，导致挥杆动作受到影响。另一方面，过度关注某个细节或结果也可能使球员在挥杆时失去整体的协调性，从而产生错误。

（3）情绪波动与心态调整。高尔夫运动需要球员保持稳定的情绪状态。然而，在实际比赛中，球员可能会因为各种原因出现情绪波动，如愤怒、失望等。这些负面情绪不仅会影响球员的心理状态，还可能直接导致挥杆错误。此外，面对挫折或失误时，如何快速调整心态也是球员需要面对的重要问题。

3. 应对心理因素影响的建议

（1）提高心理抗压能力。球员应该通过心理训练和实践经验来提高自己的心理抗压能力。例如，通过模拟比赛场景进行心理调适，学习如何在压力下保持冷静和自信。此外，与心理教练合作进行专门的心理训练，如放松训练、认知重构等，也有助于提高球员的心理素质。

（2）培养专注力与放松心态。在挥杆过程中，球员应该学会将注意力集中在当前的动作和击球上，避免外界干扰和自我怀疑。同时，通过呼吸控制、肌肉放松等方法来保持身心的放松状态，有助于提高挥杆的稳定性和流畅性。

（3）建立积极的心理暗示与自我激励。积极的心理暗示和自我激励对于提高球员的自信心和表现至关重要。球员可以在挥杆前给自己一些正面的暗示和鼓励，如"我可以做到""我已经准备好了"等，以增强自信心和动力。此外，在比赛中遇到挫折或失误时，球员也应该学会调整心态，保持积极向上的态度，及时总结经验教训，为接下来的比赛做好准备。

心理因素在高尔夫挥杆中扮演着举足轻重的角色。紧张情绪、焦虑情绪、缺乏自信、注意力分散等都是导致挥杆错误的心理因素。这些心理因素的影响不仅与比赛压力、期望值、注意力分散和情绪波动等原因密切相关，也与球员的心理素质和应对能力有关。因此，球员在训练过程中不仅要注重技术动作的提高，还要加强心理素质的培养和锻炼。通过提高心理抗压能力、培养专注力与放松心态以及建立积极的心理暗示与自我激励等方法，球员可以更好地应对心理因素的影响，提高挥杆的稳定性和准确性。同时，球员也应该认识到心理素质的培养是一个长期而持续的过程，需要不断地进行练习和调整。只有这样，球员才能在高尔夫比赛中发挥出最佳水平，取得优异的成绩。

三、外部环境干扰

高尔夫运动是一项要求高度专注和精准度的运动，挥杆动作的执行受到多种因素的影响。在这些因素中，外部环境干扰是一个容易被忽视但至关重要的因素。

1. 外部环境干扰的表现

在高尔夫挥杆过程中，外部环境干扰可能以多种形式出现。首先，天气条件是一个常见的干扰因素。例如，风力、温度、降水等自然因素都可能影响球员的挥杆动作和球的飞行轨迹。其次，球场环境也是一个重要的干扰源。球场的地形、草皮状况、障碍物布局等都可能对球员的挥杆产生影响。此外，观众和同伴的行为、噪声、其他球员的挥杆动作等也可能成为干扰因素。

2. 外部环境干扰的原因

（1）天气条件的影响。天气条件是高尔夫比赛中最常见的外部环境干扰之一。风力的大小和方向、温度的高低、降水的多少等都可能对球员的挥杆动作产生直接影响。例如，强风可能导致球员在挥杆时产生偏差，而高温和低温则可能影响球员的体力和心理状态。

（2）球场环境的影响。不良的球场环境是导致挥杆错误的重要原因之一。球场的地形、草皮状况、障碍物布局等都可能对球员的挥杆动作产生影响。例如，不平坦的地形可能导致球员在挥杆时失去平衡，而草皮的湿度和硬度则可能影响球的滚动和飞行轨迹。

（3）观众和同伴的干扰。在高尔夫比赛中，观众和同伴的行为也可能成为干扰因素。观众的欢呼声、掌声、喝彩声等可能分散球员的注意力，影响他们的挥杆节奏和信心。同时，同伴的挥杆动作、言行举止等也可能对球员产生干扰，尤其是当同伴表现出紧张或焦虑情绪时。

（4）其他球员挥杆动作的干扰。在高尔夫球场上，其他球员的挥杆动作也可能成为干扰源。当其他球员的挥杆动作与当前球员的挥杆动作相似或产生冲突时，可能导致当前球员产生犹豫或紧张情绪，从而影响其挥杆表现。

3. 应对外部环境干扰的建议

（1）提高适应性训练。球员可以通过加强适应性训练来降低外部环境的干扰。例如，在不同的天气和球场环境下进行训练，让球员逐渐适应各种环境和条件。同时，可以在训练中加入模拟比赛场景，让球员在模拟的干扰因素下进行挥杆练习，提高其抗干扰能力。

（2）调整心态与注意力。在面对外部环境干扰时，球员需要学会调整自己的心态和注意力。首先，要保持冷静和自信，不被干扰因素所影响。其次，可以通过深呼吸、放松肌肉等方法来保持身心的放松状态，提高注意力的集中度。此外，可以运用心理暗示和自我激励等方法来增强自信心和动力。

（3）观察与判断。球员在比赛中需要学会观察与判断。在挥杆前，要仔细观察球场环境和天气条件，评估其可能对挥杆产生的影响。同时，要根据实际情况调整自己的挥杆策略和技术动作，以适应不同的环境和条件。

（4）与教练和同伴沟通。与教练和同伴的沟通也是应对外部环境干扰的有效方法。球员可以与教练共同制订训练计划和技术调整方案，以提高自己在不同环境下的挥杆表现。同时，与同伴保持良好的沟通和合作，可以减少彼此之间的干扰和影响，共同应对比赛中的挑战。

外部环境干扰是高尔夫挥杆中常见的错误原因之一。天气条件、球场环境、观众和同伴的行为以及其他球员的挥杆动作等都可能成为干扰因素。为了应对这些干扰，球员需要加强适应性训练、调整心态与注意力、提高观察与判断能力，并与教练和同伴保持良好的沟通和合作。只有这样，球员才能更好地应对外部环境干扰，提高挥杆的稳定性和准确性，从而在高尔夫比赛中取得优异的成绩。同时，高尔夫赛事组织者也应关注比赛环境的营造和管理，为球员提供良好的比赛环境，减少不必要的干扰因素。

第三节　纠正方法与练习建议

一、针对性练习与纠正动作

高尔夫挥杆动作的正确与否直接关系到球员的击球效果和比赛成绩。然而，挥杆过程中常常会出现各种错误，这些错误不仅会影响球的飞行轨迹，还可能导致球员身体受伤。

1. 常见挥杆错误及其影响

（1）抬头过早。在挥杆过程中，球员如果过早地抬头看球，会导致身体失去平衡，影响挥杆的力量和准确性。

（2）手臂过度用力。许多球员在挥杆时过于依赖手臂力量，而忽视了身体其他部位的协同作用，这会导致挥杆动作僵硬，影响球的飞行轨迹。

（3）转身不足。转身是挥杆动作的重要组成部分，如果转身不足，球员将无法充分释放身体的力量，导致击球距离不足。

（4）重心不稳。重心不稳是挥杆过程中常见的错误之一，如果球员在挥杆时重心偏移，会导致身体失去平衡，影响挥杆的稳定性。

2. 针对性练习方法

（1）纠正抬头过早。为了纠正抬头过早的错误，球员可以在练习时采用低姿势站位，将重心放在前脚掌上，并尽量保持头部稳定。同时，可以在挥杆过程中使用杆头轨迹练习器，帮助球员更好地掌握挥杆轨迹，避免过早抬头。

（2）改善手臂过度用力。为了改善手臂过度用力的情况，球员可以通过增加体重训练，提高身体其他部位的肌肉力量。此外，在挥杆过程中，球员应学会放松手臂，利用身体转动和重心转移来带动挥杆动作。

（3）加强转身练习。为了加强转身练习，球员可以采用双球练习法，即在练习场上放置两个球，一个放在正常击球位置，另一个放在身体外侧。球员先击打正常位置的球，然后立即转身击打外侧的球，以加强转身力量和协调性。

（4）提高重心稳定性。为了提高重心稳定性，球员可以在练习时使用平衡垫或平衡板。这些工具可以帮助球员更好地感受身体的平衡和重心的转移，从而提高挥杆的稳定性。

3. 纠正动作及其练习建议

（1）纠正抬头过早的动作。在挥杆过程中，球员应保持头部稳定，避免过早抬头。为了加强这一纠正动作，球员可以在练习时使用头带或头巾，将其系在额头上，以增加头部的稳定性。同时，在挥杆过程中，球员可以想象自己正在将球从下巴下方击出，这有助于保持头部稳定。

（2）纠正手臂过度用力的动作。为了改善手臂过度用力的错误，球员应学会放松手臂，利用身体转动和重心转移来带动挥杆动作。在练习时，球员可以尝试使用较轻的球杆，以降低手臂的负担。此外，球员可以在挥杆过程中增加手臂放松的练习，例如使用手臂放松器或进行手臂放松的拉伸动作。

（3）纠正转身不足的动作。为了加强转身练习，球员可以在挥杆过程中强调身体转动的幅度和速度。在练习时，球员可以使用转身练习器或进行转身动作的专项训练，以提高转身力量和协调性。同时，在挥杆过程中，球员应确保身体转动与手臂和球杆的协同作用，以实现更流畅的挥杆动作。

（4）纠正重心不稳的动作。为了提高重心稳定性，球员在挥杆过程中应确保身体重心的平衡转移。在练习时，球员可以采用单脚站立或闭眼挥杆等方法，以加强身体平衡和重心控制。此外，球员还可以在挥杆过程中加入重心转移的练习，例如在挥杆开始时将重心放在后脚上，然后在挥杆过程中逐渐将重心转移到前脚上。

高尔夫挥杆错误的纠正需要球员付出持续的努力和耐心。通过采用针对性的练习方法和纠正动作，球员可以逐步改善挥杆技巧，提高高尔夫水平。在练习过程中，球员应保持积极的心态和正确的身体姿势，逐步克服错误动作。同时，寻求专业教练的指导和建议也是非常重要的，专业教练可以帮助球员更准确地识别错误动作，并提供有效的纠正方法。

总之，高尔夫挥杆错误的纠正是一个长期而持续的过程。球员需要不断练习、反思和调整，以逐渐提高挥杆动作的准确性和稳定性。通过采用针对性的练习方法和纠正动作，球员可以在高尔夫运动中取得更好的成绩和体验。

二、寻求专业教练指导

高尔夫运动是一项深受人们喜爱的运动，它不仅要求球员有高超的技巧，还要求他们具备精准的判断力和稳定的心理素质。挥杆作为高尔夫运动的核心技术，其正确与否直接关系到球员的比赛成绩。然而，许多球员在挥杆过程中常会出现各种错误，这些错误不仅会影响球的飞行轨迹，还可能导致球员身体受伤。因此，寻求专业教练的指导对于纠正这些错误至关重要。

1. 专业教练的重要性

专业教练在高尔夫挥杆技术的纠正与提高中扮演着举足轻重的角色。他们不仅具备丰富的教学经验和深厚的理论知识，还能够根据球员的实际情况，量身定制个性化的教学方案。专业教练能够准确地识别球员在挥杆过程中存在的错误，并提供科学有效的纠正方法。他们还能够根据球员的身体条件和技术水平，调整教学难度和进度，确保球员在安全、舒适的环境中逐步提高挥杆技术。

2. 专业教练的纠正方法

（1）视频分析。专业教练通常会使用高尔夫挥杆视频分析系统，对球员的挥杆动作进行详细剖析。通过视频回放，教练可以清晰地看到球员在挥杆过程中的每一个细节，从而准确地找出存在的问题。这种直观的教学方式有助于球员更好地理解自己的挥杆动作，为后续的纠正练习提供有力支持。

（2）动作示范。专业教练会通过亲自示范，让球员对正确的技术动作有直观的认识。教练在示范过程中，还会详细讲解每一个动作的要领和注意事项，确保球员能够准确地掌握正确的挥杆技巧。

（3）个性化教学。每个球员的身体条件和技术水平都不尽相同，因此专业教练会根据球员的实际情况，量身定制个性化的教学方案。教练会根据球员的特点和需求，调整教学内容和难度，确保球员能够在适合自己的教学环境中逐步提高挥杆技术。

3. 专业教练的练习建议

（1）基础练习。专业教练通常会从基础练习开始，帮助球员建立正确的挥杆动作和节奏感。这些基础练习包括正确的站位、握杆、瞄准、起杆、下杆、送杆和收杆等。通过反复练习这些基础动作，球员可以逐渐掌握正确的挥杆技巧，为后续的进阶练习打下坚实的基础。

（2）针对性练习。在掌握了基础动作之后，专业教练会根据球员在挥杆过程中存在的具体问题，设计有针对性的练习方法。这些练习旨在帮助球员纠正错误的挥杆动作，提高技术的准确性和稳定性。例如，针对抬头过早的问题，教练可能会设计一些低姿势站位的练习；针对手臂过度用力的问题，教练可能会建议球员增加体重训练或采用更轻的球杆进行练习。

（3）模拟比赛场景。为了帮助球员更好地适应比赛环境，专业教练还会模拟比赛场景，让球员在接近真实比赛的环境中进行练习。这种练习方式有助于球员提高心理素质和应变能力，为未来的比赛做好准备。

（4）持续跟进与反馈。专业教练会在整个教学过程中持续跟进球员的练习情况，并及时给予反馈和建议。这种持续的跟进和反馈有助于球员及时发现自己存在的问题并加以改进，从而实现技术的持续提高。

寻求专业教练的指导对于纠正高尔夫挥杆错误至关重要。专业教练具备丰富的教学经验和深厚的理论知识，能够根据球员的实际情况提供个性化的教学方案。通过视频分析、动作示范和个性化教学等方法，教练能够帮助球员准确地找出存在的问题并提供科学有效的纠正方法。同时，专业教练还能为球员提供基础练习、针对性练习和模拟比赛场景等练习建议，帮助球员在安全的环境中逐步提高挥杆技术。因此，球员应该积极寻求专业教练的指导，为自己的高尔夫技术提升和比赛成绩提高打下坚实的基础。

三、保持积极心态与耐心

在高尔夫运动中，挥杆技术的掌握和运用是至关重要的。然而，由于每位球员的身体条件、技术水平以及心理素质的差异，挥杆过程中难免会出现各种错误。这些错误不仅会影响球员的比赛成绩，还可能导致他们丧失对高尔夫运动的热情。为了纠正这些错误，球员不仅需要掌握科学的方法，还需要保持积极的心态和足够的耐心，尤其是在寻求专业教练指导的过程中。

1. 保持积极心态的重要性

保持积极心态对于高尔夫挥杆错误的纠正至关重要。首先，积极心态有助于球员保持自信。当球员相信自己有能力纠正错误并不断提高时，他们更有可能全身心地投入练习和比赛。其次，积极心态有助于球员应对挫折和困难。在纠正挥杆错误的过程中，球员可能会遇到许多困难和挑战。这时，积极的心态可以帮助他们保持冷静，从失败中汲取教训，并继续努力。最后，积极心态有助于球员享受高尔夫运动带来的乐趣。当球员将高尔夫视为一种享受而非压力源时，他们更有可能在挥杆过程中展现出自己的最佳水平。

2. 耐心寻求专业教练指导的必要性

在纠正高尔夫挥杆错误的过程中，耐心寻求专业教练指导是非常必要的。首先，专业教练具备丰富的经验和深厚的理论知识，能够准确地识别球员在挥杆过程中存在的问题，并提供科学有效的纠正方法。与此同时，教练还能根据球员的实际情况制订个性化的教学方案，确保球员在安全的环境中逐步提高挥杆技术。其次，纠正挥杆错误需要时间和耐心。球员不能期望一蹴而就，而应该根据自己的实际情况和教练的建议，逐步调整和改进挥杆动作。在这个过程中，耐心是必不可少的品质。最后，寻求专业教练指导还有助于球员建立正确的心理预期。教练可以根据球员的实际情况和技术水平，为他们设定合理的目标，并帮助他们逐步实现这些目标。这种有序的进步过程有助于球员保持积极的心态。

3. 纠正高尔夫挥杆错误的建议

（1）明确目标。在寻求专业教练指导之前，球员应该明确自己的目标和期望。这样有助于教练更好地了解球员的需求，并为他们提供更有针对性的指导。

（2）选择合适的教练。在选择教练时，球员应该考虑教练的资质、经验和教学方法。好的教练应该能够激发球员的学习热情，帮助他们建立正确的技术观念，并提供有效的纠正方法。

（3）积极沟通。在与教练沟通过程中，球员应该坦诚地表达自己的问题和困惑。也要认真听取教练的建议和指导，积极调整和改进自己的挥杆动作。

（4）保持耐心和信心。纠正高尔夫挥杆错误是一个长期而复杂的过程。球员需要保持足够的耐心和信心，相信自己能够在教练的帮助下，逐步提高挥杆技术。

（5）持续练习与反思。除了在专业教练的指导下进行练习外，球员还应该在日常练习中不断反思和总结。通过分析自己的挥杆动作和比赛表现，找出存在的问题并加以改进。

保持积极心态与耐心寻求专业教练指导对于纠正高尔夫挥杆错误至关重要。球员应该明确自己的目标和期望，选择合适的教练进行指导，并积极沟通、调整和改进自己的挥杆动作。同时，他们还需要保持足够的耐心和信心，在教练的帮助下逐步提高挥杆技术。只有这样，球员才能在高尔夫运动中取得更好的成绩并享受其中的乐趣。

第六章　高尔夫挥杆专项体能训练

第一节　体能训练对挥杆技术的影响

一、体能训练与挥杆力量的提升

高尔夫体能训练与挥杆力量的提升是高尔夫球员必须重视的关键环节。体能训练不仅是提高挥杆力量的基础，更有助于球员在比赛中保持稳定的状态和高效的表现。

1.高尔夫体能训练的重要性

高尔夫运动看似轻松优雅，实则需要强大的体能支撑。在高尔夫比赛中，球员需要频繁地挥杆、走动、弯腰、转身等，这些动作对身体的全面素质有着极高的要求。体能训练可以帮助球员提高身体的力量、速度、耐力、柔韧性和协调性，从而更好地应对比赛中的各种挑战。

2.体能训练与挥杆力量的关系

挥杆力量是高尔夫球员的重要技能之一，它决定了球的速度和飞行距离。然而，挥杆力量并非单纯依靠手臂和肩部的力量，而是需要全身力量的协调配合。体能训练通过增强核心肌群、腿部和背部肌肉的力量，为挥杆提供稳定的支撑和动力。同时，体能训练还能提高球员的神经肌肉控制能力，使挥杆动作更加流畅、准确。

3.如何通过体能训练提升挥杆力量

（1）核心力量训练。核心力量是挥杆力量的关键。通过练习平板支撑、"腹肌撕裂者"等核心力量训练动作，可以增强腹部、背部和骨盆周围肌肉的力量和稳定性。这将有助于球员在挥杆过程中保持身体平衡，提高挥杆力量的传递效率。

（2）下肢力量训练。下肢力量是挥杆力量的基础。通过深蹲、箭步蹲等下肢力量训练动作，可以增强大腿、小腿和臀部的肌肉力量。这将有助于球员在挥杆过程中保持稳定的站姿和强大的推动力。

（3）柔韧性训练。柔韧性对于高尔夫球员来说同样重要。通过拉伸、瑜伽等柔韧性训练方式，可以增加肌肉的伸展范围和关节的灵活性。这将有助于球员在挥杆过程中更好地调整身体姿势和角度，提高挥杆动作的流畅性和准确性。

（4）爆发力训练。爆发力对于提高挥杆速度至关重要。通过短跑、跳跃等爆发力训练方式，可以增强球员的快速力量输出能力。这将有助于球员在挥杆瞬间产生更大的力量，从而提高球的飞行速度和距离。

（5）协调性训练。协调性是提高挥杆力量的重要因素。通过平衡训练、协调性练习等方式，可以提高球员身体各部位之间的协同工作能力。这将有助于球员在挥杆过程中实现全身力量的协调配合，提高挥杆力量的整体效果。

高尔夫体能训练与挥杆力量的提升密不可分。通过科学的体能训练，球员可以有效地提高身体素质和挥杆力量，为比赛中的稳定发挥和优异成绩奠定坚实基础。因此，高尔夫球员应重视体能训练，并在日常训练中加以实践。

二、体能训练与挥杆稳定性的增强

高尔夫运动是一项需要高度体能和挥杆稳定性的运动。体能训练和挥杆稳定性对于高尔夫球员的表现至关重要。在体能方面，高尔夫球员需要具备良好的耐力、柔韧性、核心力量和爆发力。而在挥杆稳定性方面，球员需要通过正确的技术、平衡和节奏感来保持挥杆的准确性和一致性。

1. 体能训练的重要性

体能训练在高尔夫运动中起着至关重要的作用。首先，良好的体能可以帮助球员在整场比赛中保持稳定发挥，减少因疲劳而引发的错误。其次，特定的体能训练可以提高球员在高尔夫运动中的关键能力，如核心力量、爆发力和柔韧性。这些能力的提升将直接反映在球员的挥杆动作和击球效果上。

2. 核心力量训练

核心力量是指身体核心部位（包括腹部、背部和骨盆周围的肌肉）的力量和稳定性。在高尔夫挥杆过程中，核心力量起着至关重要的作用。强大的核心力量可以帮助球员在挥杆过程中保持身体的平衡和稳定，从而提高击球的准确性和一致性。为了增强核心力量，球员可以通过平板支撑、俯卧撑、仰卧起坐等训练来进行锻炼。

3. 爆发力训练

爆发力是指球员在短时间内快速产生力量的能力。在高尔夫运动中，爆发力对于球员的起跑、转身和击球等动作都至关重要。通过爆发力训练，球员可以在短时间内迅速积累力量，并在关键时刻发挥出最大的潜力。常见的爆发力训练包括冲刺训练、深蹲跳、单腿跳等。

4. 柔韧性训练

柔韧性是指球员身体各部位的运动范围和活动能力。在高尔夫挥杆过程中，球员需要具备良好的柔韧性来确保挥杆动作的流畅性和连贯性。通过柔韧性训练，球员可以增加关节的活动范围，减少运动损伤的风险，并提高挥杆的稳定性。常见的柔韧性训练包括拉伸训练、瑜伽和普拉提等。

5. 挥杆稳定性增强

挥杆稳定性是高尔夫球员成功的关键因素之一。要增强挥杆稳定性，球员需要从技术、平衡和节奏感三个方面入手。首先，球员需要掌握正确的高尔夫技术，包括握杆、站姿、转身和击球等动作。通过反复练习和纠正技术细节，球员可以逐渐提高挥杆的准确性和一致性。其次，平衡是增强挥杆稳定性的关键。球员需要在挥杆过程中保持身体的平衡和稳定，避免过度摆动或失去重心。通过核心力量训练和柔韧性训练，球员可以增强身体的平衡能力，从而提高挥杆的稳定性。最后，节奏感也是影响挥杆稳定性的重要因素。球员需要在挥杆过程中保持稳定的节奏和速度，使挥杆动作与击球力量相协调。通过练习和感知球杆与身体的运动轨迹，球员可以逐渐培养出良好的节奏感。

体能训练与挥杆稳定性增强是高尔夫球员提升表现的关键。通过核心力量训练、爆发力训练和柔韧性训练等体能训练方法，球员可以增强身体的耐力和关键能力，为挥杆稳定性提供有力的支持。同时，通过技术、平衡和节奏感的训练，球员可以逐渐提高挥杆的准确性和一致性。只有综合考虑体能训练与挥杆稳定性增强两个方面，高尔夫球员才能在比赛中发挥出最佳水平，取得优异的成绩。

第二节　针对性的体能训练计划

一、核心力量训练

在高尔夫运动中，体能训练是不可或缺的一部分，而核心力量训练则是体能训练的重中之重。核心力量是指身体核心部位（包括腹部、背部和骨盆周围的肌肉）的力量和稳定性，对于高尔夫挥杆的稳定性和准确性有着至关重要的影响。

1. 核心力量训练的重要性

在高尔夫挥杆过程中，身体的核心部位起到承上启下的作用，是连接上下肢体的桥梁。一个稳定的核心可以为四肢提供坚实的支撑，使挥杆动作更加流畅、准确。而核心力量训练的目的就是增强这一区域的肌肉力量和稳定性，从而提高挥杆的质量和效果。

具体来说，核心力量训练的重要性体现在以下几个方面：

（1）提高挥杆稳定性。强大的核心力量可以帮助球员在挥杆过程中保持身体的平衡和稳定，减少因身体晃动或扭曲而引发的错误。

（2）增加挥杆力量。核心力量训练可以增强球员腹部和背部的肌肉力量，从而为挥杆提供更多的动力。

（3）保护脊柱健康。高尔夫挥杆是一项对脊柱有一定冲击力的运动。通过核心力量训练，可以增强脊柱周围的肌肉力量，起到保护脊柱的作用。

（4）提高身体整体协调性。核心力量训练不仅关注核心部位的肌肉力量，还注重身体各部位之间的协调性和平衡性。这将有助于提高球员在比赛中的整体表现。

2. 核心力量训练的方法

核心力量训练的方法多种多样，以下是一些常见且有效的训练方法。

（1）平板支撑。身体呈一条直线，绷紧腹部和背部肌肉，保持数秒钟。这个动作可以锻炼到腹部、背部和骨盆周围的肌肉。

（2）俯卧撑（可以在膝盖上做）。身体呈一条直线，双手撑地，向下弯曲手肘使胸部贴地，然后向上推起。这个动作不仅可以锻炼到核心肌肉，还可以增强上肢和胸部的力量。

（3）仰卧起坐。躺在地上，双手交叉放在胸前或耳旁，向上挺起上半身至与地面成90°角，然后慢慢放下来。这个动作主要锻炼腹部肌肉。

（4）俄罗斯转体。坐在地上，双手持哑铃或沙袋等重物，向左右两侧转动上半身，同时保持下半身稳定。这个动作可以锻炼到腹部斜肌和背部肌肉。

（5）腹肌滚轮训练。使用腹肌滚轮进行训练，向前滚动滚轮并回收，同时保持身体稳定。这个动作可以锻炼到腹部和背部肌肉的力量和耐力。

球员可以根据个人情况和训练目标选择和组合这些训练方法。建议在专业教练的指导下进行训练，以确保训练效果和安全性。

3. 核心力量训练在实际应用中的效果

通过核心力量训练，球员可以明显感受到挥杆的稳定性和力量的提升。在实际比赛中，稳定的核心可以帮助球员更好地应对各种复杂情况，如风向变化、地形起伏等。同时，强大的核心力量也可以让球员在关键时刻发挥出更大的潜力，如长距离击球、救球等。

核心力量训练还有助于预防运动损伤和提高身体整体健康水平。强大的核心肌肉可以为脊柱和四肢提供更好的保护和支持，减少运动损伤的风险。同时，核心力量训练还可以提高身体的基础代谢率，促进脂肪燃烧和身体健康。

总之，核心力量训练在高尔夫体能训练中占据着举足轻重的地位。通过科学有效的训练方法，球员可以逐步提高自己的核心力量和稳定性，为在比赛中的出色表现奠定坚实基础。同时，核心力量训练也有助于提高球员的身体整体健康水平和预防运动损伤。因此，广大高尔夫爱好者应该重视核心力量训练，并在日常训练中加以实施。

二、柔韧性训练

在高尔夫运动中，体能训练是提升球员技术水平、减少运动损伤以及增强竞技表现的关键环节。其中，柔韧性训练占据着不可或缺的地位。柔韧性是指身体各部位在不同方向上的伸展能力和运动范围，良好的柔韧性有助于球员在挥杆过程中保持身体平衡、减少不必要的力量损失，并预防因肌肉僵硬而导致的运动损伤。

1. 柔韧性训练的重要性

在高尔夫挥杆动作中，身体需要完成一系列的旋转和伸展动作，这就要求球员具备良好的柔韧性。柔韧性训练的重要性主要体现在以下几个方面：

（1）提高挥杆效率。

通过拉伸和放松肌肉，柔韧性训练可以帮助球员在挥杆过程中减少不必要的力量损失，使力量更加集中和有效地传递到球杆上，从而提高挥杆效率。

（2）预防运动损伤。高尔夫运动是一项需要反复挥杆的运动，如果肌肉过于僵硬或伸展能力不足，容易导致肌肉拉伤、关节扭伤等运动损伤。柔韧性训练可以有效地预防这些损伤的发生。

（3）增强身体感知能力。通过拉伸和放松肌肉，柔韧性训练可以增强球员对身体各部位的感觉和感知能力，使他们更加清晰地感受到身体的每一个细微变化，从而更好地调整挥杆动作。

（4）促进身体恢复。在高强度的训练和比赛中，肌肉容易产生紧张和疲劳。柔韧性训练可以帮助球员放松肌肉、缓解疲劳，促进身体恢复和重建。

2. 柔韧性训练的方法

柔韧性训练的方法多种多样，以下是一些常见且有效的训练方法：

（1）静态拉伸。通过保持某个伸展动作一段时间，使肌肉得到充分的拉伸和放松。常见的静态拉伸动作包括肩部拉伸、大腿后侧拉伸、背部拉伸等。

（2）动态拉伸。通过一系列连续的伸展动作，使肌肉得到更加全面的拉伸和放松。常见的动态拉伸动作包括肩部旋转、腿部摆动、腰部扭转等。

（3）瑜伽。瑜伽是一种注重身体平衡和柔韧性的运动方式，通过一系列的体位法和呼吸练习，可以有效地提高身体的柔韧性和稳定性。

（4）普拉提。普拉提是一种强调核心肌群控制和身体平衡的运动方式，通过一系列的垫上操作和器械训练，可以增强身体的柔韧性和稳定性。

（5）泡沫轴滚动。使用泡沫轴对身体各部位进行滚动和按压，可以帮助放松肌肉、缓解紧张和疼痛。

球员可以根据个人情况和训练目标选择和组合这些训练方法。建议在专业教练的指导下进行训练，以确保训练效果和安全性。

3. 柔韧性训练在实际应用中的效果

通过柔韧性训练，球员可以明显感受到身体的变化和进步。在实际应用中，柔韧性训练的效果主要体现在以下几个方面：

（1）挥杆动作更加流畅。经过柔韧性训练后，球员的身体变得更加柔软和灵活，挥杆动作也变得更加流畅和自然。这有助于减少空气阻力、提高挥杆速度和力量传递效率。

（2）减少运动损伤的发生。通过增强肌肉的伸展能力和预防肌肉僵硬，可以有效地减少运动损伤的发生。这对于保持球员的竞技状态和延长职业生涯具有重要意义。

（3）促进身体恢复。在高强度的训练和比赛中，球员的身体容易产生疲劳和紧张。柔韧性训练可以帮助球员放松肌肉、缓解疲劳，促进身体恢复和重建。这对于保持球员的竞技状态和提高训练效果具有重要意义。

（4）提高身体感知能力。通过拉伸和放松肌肉，柔韧性训练可以增强球员对身体各部位的感觉和感知能力。这使得球员能够更加清晰地感受到身体的每一个细微变化，从而更好地调整挥杆动作和提高技术水平。

柔韧性训练在高尔夫体能训练中占据着举足轻重的地位。通过科学有效的训练方法，球员可以逐步提高自己的柔韧性水平，为在比赛中的出色表现奠定坚实基础。同时，柔韧性训练还有助于预防运动损伤、促进身体恢复和提高身体感知能力。因此，广大高尔夫爱好者应该重视柔韧性训练，并在日常训练中加以实施。

三、爆发力与耐力训练

在高尔夫运动中，体能训练的重要性不言而喻。其中，爆发力与耐力是体能训练中的两个核心要素。爆发力是指肌肉在短时间内产生最大力量的能力，对于高尔夫球员来说，这主要体现在挥杆动作中的快速而有力的击球。而耐力则是指身体在长时间活动或疲劳状态下维持稳定表现的能力，对于高尔夫球员来说，这意味着在整场比赛中保持稳定的挥杆质量。

1. 爆发力训练的重要性

在高尔夫运动中，爆发力对于击球质量有着至关重要的影响。强有力的挥杆动作可以产生更快的球速和更远的飞行距离，从而为球员创造更多的得分机会。因此，爆发力训练对于高尔夫球员来说至关重要。通过爆发力训练，球员可以提高肌肉的快速收缩能力，使挥杆动作更加迅速和有力。此外，爆发力训练还可以提高神经系统的反应速度，使球员在比赛中能够更快地做出判断和反应。

2. 耐力训练的重要性

在高尔夫比赛中，球员需要连续进行多次挥杆动作，这对身体的耐力提出了很高的要求。如果球员的耐力不足，那么在比赛后期可能会出现疲劳、动作变形等问题，从而影响击球质量。因此，耐力训练也是高尔夫体能训练中的重要组成部分。通过耐力训练，球员可以提高身体的抗疲劳能力，使身体在比赛中能够保持稳定的表现。此外，耐力训练还可以提高球员的心理素质，使他们在面对压力和疲劳时能够保持冷静和自信。

3. 爆发力训练方法。

（1）通过进行重量训练，可以提高肌肉的质量和力量，从而提高爆发力。常见的重量训练动作包括深蹲、硬拉、卧推等。

（2）快速伸缩训练是一种专门针对爆发力的训练方法。它要求球员在短时间内快速完成一系列的动作，如快速蹲起、快速俯卧撑等。这种训练方法可以提高肌肉的快速收缩能力，从而提高爆发力。

（3）在高尔夫运动中，爆发力冲刺训练可以帮助球员提高在比赛中的奔跑速度和敏捷性。通过进行短距离的冲刺训练，可以锻炼球员的腿部肌肉和神经系统的反应速度。

4. 耐力训练方法

（1）有氧运动训练是提高耐力的基础。通过进行长时间的慢跑、游泳等有氧运动，可以提高心肺功能和身体的耐力水平。

（2）间歇训练是一种高强度的训练方法，它要求球员在短时间内进行高强度的运动，然后休息一段时间再进行下一轮运动。这种训练方法可以提高身体的抗疲劳能力和恢复能力。

（3）耐力性力量训练是指在进行力量训练时，增加训练的组数和次数，使肌肉在长时间的负荷下得到锻炼。这种训练方法可以提高肌肉的耐力和减少比赛中的疲劳感。

5. 爆发力与耐力训练在实际应用中的效果

通过科学的爆发力与耐力训练，高尔夫球员可以在比赛中获得明显的优势。首先，爆发力的提高可以使球员在挥杆时产生更大的力量和更快的速度，从而增加击球的准确性和距离。其次，耐力的提高可以使球员在整场比赛中保持稳定的挥杆质量，减少因疲劳而导致的失误。此外，爆发力和耐力的结合还可以提高球员的竞技状态和自信心，使他们在比赛中更加从容和自信。

爆发力和耐力训练在高尔夫体能训练中占有举足轻重的地位。通过科学有效的训练方法，球员可以逐步提高自己的爆发力和耐力水平，为在比赛中的出色表现奠定坚实基础。同时，爆发力和耐力训练还有助于提高球员的心理素质和自信心。因此，广大高尔夫爱好者应该重视爆发力和耐力训练，并在日常训练中加以实施。

第三节　伤害预防与恢复训练

一、挥杆动作中的常见伤害及预防

高尔夫运动因其独特的魅力和对身心健康的益处而备受喜爱。然而，不正确的挥杆动作或体能训练不足，往往会导致球员在挥杆过程中遭受伤害。

1. 常见伤害类型

（1）腰部损伤。高尔夫挥杆动作需要腰部的大力扭转，如果动作不规范或腰部肌肉力量不足，容易造成腰部扭伤或拉伤。

（2）肩部损伤。挥杆时肩部的旋转和伸展动作较大，如果肩部肌肉柔韧性不足或肌腱袖力量薄弱，容易导致肩部疼痛、肌腱袖撕裂等损伤。

（3）肘部与手腕损伤。挥杆过程中，肘部和手腕需要承受较大的压力和冲击力。如果动作不标准或缺乏相应的力量训练，容易造成网球肘、高尔夫球肘以及手腕扭伤等伤害。

（4）膝部损伤。挥杆时身体重心的转移和腿部动作的执行会对膝部产生较大压力。不正确的动作或腿部力量不足，可能导致膝关节损伤或半月板损伤。

2. 伤害原因分析

（1）动作不规范。挥杆动作的不规范是导致伤害的主要原因之一。错误的动作模式会增加身体各部位的压力和负担，从而引发伤害。

（2）体能训练不足。缺乏足够的体能训练，尤其是针对核心力量、柔韧性、平衡能力和爆发力的训练，会使身体在挥杆过程中难以承受冲击和压力，增加受伤风险。

（3）肌肉力量不均衡。肌肉力量的不均衡可能导致身体某些部位承受过多压力。如果上肢力量强于下肢，那么在挥杆时可能产生过多的膝盖负担。

（4）心理因素。紧张、焦虑等心理因素可能导致球员在挥杆时动作变形，从而增加受伤的风险。

3. 预防措施

（1）规范挥杆动作。学习并熟练掌握正确的高尔夫挥杆动作，确保每个动作都符合生物力学原理。在练习过程中，可以寻求专业教练的指导，以确保动作的正确性。

（2）加强体能训练。进行全面的体能训练，提高身体的力量、柔韧性、平衡能力和爆发力。特别是要加强核心力量的训练，以提高身体的稳定性和控制能力。

（3）保持肌肉平衡。注重身体各部位肌肉的平衡发展，避免肌肉力量失衡。通过有针对性的力量训练，使身体各部位肌肉得到均衡发展。

（4）放松身心。在比赛和训练中保持放松的心态，避免过度紧张。可以通过呼吸练习、冥想等方法来调整心理状态，提高自信心和专注力。

（5）合理安排训练与休息。制订科学的训练计划，合理安排训练时间和强度。同时，要确保充足的休息时间，避免身体过度疲劳。

（6）使用合适的装备。选择适合自己的高尔夫球杆、鞋子等装备，确保装备的质量和尺寸适合自己的身体条件和技术水平。

（7）定期进行身体检查。定期进行身体检查，了解自己的身体状况和潜在风险。如有需要，及时寻求专业医生的建议和治疗。

二、受伤后的恢复训练与康复

高尔夫运动是一项需要高度体能和技巧的运动，球员在训练过程中受伤的风险也随之增加。受伤后的恢复训练与康复是球员重返赛场、保持竞技状态的关键环节。

1. 受伤后的初步处理

在受伤后，首先要进行的是初步处理。这包括立即停止训练，避免进一步伤害；对受伤部位进行冷敷，减轻肿胀和疼痛；及时就医，接受专业医生的诊断和治疗。医生会根据伤情制订治疗方案，可能包括药物治疗、物理治疗或手术治疗等。

2. 恢复训练的原则

在受伤后的恢复训练中，需要遵循以下几个原则：

（1）渐进性原则。恢复训练应从轻到重、从简单到复杂，逐步增加训练强度和难度。

（2）个性化原则。应根据球员的伤情和身体状况，制订个性化的恢复训练计划。

（3）全面性原则。不仅要关注受伤部位，还要兼顾其他部位的训练，以保持身体整体的平衡和稳定。

（4）安全性原则。在恢复训练过程中，要确保球员的安全，避免再次受伤。

3. 恢复训练的内容

恢复训练的内容主要包括以下几个方面：

（1）柔韧性训练。通过拉伸训练和瑜伽等，可以提高受伤部位的柔韧性，减轻肌肉紧张和缓解疼痛。

（2）力量训练。通过适当的力量训练，可以增强受伤部位肌肉的力量和稳定性，提高关节活动度。

（3）平衡能力训练。通过单腿站立、平衡球等训练，可以提高身体的平衡能力，减少受伤风险。

（4）有氧训练。通过慢跑、游泳等有氧训练，可以提高心肺功能，促进身体恢复。

（5）高尔夫专项训练。在受伤部位恢复到一定程度后，可以逐渐引入高尔夫专项训练，如挥杆练习、击球练习等，帮助球员逐步找回竞技状态。

4. 康复过程中的注意事项

在康复过程中，球员需要注意以下几个方面：

（1）遵循医嘱。在康复过程中，球员要遵循医生的建议和治疗方案，不要擅自改变训练内容和强度。

（2）保持积极心态。受伤后的康复过程可能较为漫长和艰难，球员需要保持积极的心态，相信自己能够战胜伤病，重返赛场。

（3）合理饮食和休息。球员在康复期间要注意合理饮食和休息，保证充足的营养和睡眠，促进身体恢复。

（4）及时调整训练计划。在康复过程中，球员要根据身体状况和恢复情况，及时调整训练计划，确保训练的科学性和有效性。

5. 重返赛场的准备

在受伤部位完全恢复后，球员需要做好重返赛场的准备。这包括逐渐增加训练强度和难度，提高体能和技巧水平；进行心理调适，克服伤病带来的心理阴影；与教练和队友沟通，了解比赛情况和战术安排等。在重返赛场前，球员还要进行全面的身体检查，确保身体状况良好，没有复发的风险。

第七章 心理因素在高尔夫挥杆中的作用

第一节 心理状态对挥杆效果的影响

一、压力与紧张对挥杆的影响

高尔夫运动被誉为"绅士的运动"，它不仅仅是一项体育竞技，更是一种生活方式的体现。在高尔夫运动中，挥杆技术是否能稳定地发挥至关重要。而挥杆效果的好坏往往受到众多因素的影响。其中，心理状态的作用不容忽视，尤其是在比赛或关键时刻，压力和紧张情绪往往会干扰球员的技术发挥，进而影响挥杆效果。

1. 压力对挥杆效果的影响

在高尔夫比赛中，压力往往来自多个方面，如个人期望、团队要求、对手表现以及观众关注等。当球员面临压力时，他们可能会出现焦虑、紧张甚至恐惧的情绪反应。这些负面情绪会导致球员的注意力分散，思维变得迟缓，进而影响挥杆动作的流畅性和准确性。例如，在紧张状态下，球员可能会过度关注技术细节，导致动作变得僵硬和不自然。或者，他们可能会因为担心失误而过于保守，选择不合适的击球方式。

2. 紧张对挥杆效果的影响

紧张是高尔夫球员在比赛中常见的心理状态。与压力不同，紧张更多地源于球员自身的心理状态和情绪调节能力。当球员感到紧张时，他们的身体可能会出现僵硬、肌肉收缩等症状，这些症状会直接影响挥杆动作的协调性和稳定性。紧张情绪还可能导致球员的呼吸变得急促，进而影响他们的专注力和判断力。在紧张状态下，球员可能会过于关注结果，而忽视了挥杆过程中的细节和技巧。

3. 压力与紧张对挥杆效果的共同影响

在实际比赛中，压力和紧张往往不是孤立存在的，而是相互交织、共同作用于球员的心理状态。当球员面临巨大的压力时，他们的紧张情绪可能会进一步加剧；而紧张情绪的积累又可能增加球员的心理压力。这种恶性循环会对球员的挥杆效果产生严重的负面影响，导致他们在关键时刻出现失误或表现不佳。

4. 应对压力与紧张的策略

为了在高尔夫比赛中保持良好的心理状态，球员需要掌握一些有效的应对策略。首先，他们可以通过心理训练来提高自己的情绪调节能力，如学习冥想、呼吸控制等技巧来缓解紧张情绪。其次，球员可以在平时的训练中模拟比赛场景，以提高自己在压力环境下的适应能力。此外，与教练、队友或心理顾问的交流与沟通也是缓解压力的有效途径。通过这些策略，球员可以在比赛中更好地应对压力和紧张情绪，从而提高挥杆效果。

心理状态对高尔夫挥杆效果具有重要影响。压力和紧张情绪会干扰球员的技术发挥，导致挥杆动作的不稳定和不准确。因此，高尔夫球员需要重视心理训练和心理调节在比赛中的作用。通过掌握有效的应对策略，他们可以在关键时刻保持冷静和自信，从而发挥出最佳的挥杆作用。这不仅有助于提高比赛成绩，也有助于提升球员的整体竞技水平和自信心。

二、自信与放松对挥杆的重要性

高尔夫运动，作为一项对技术和心态要求极高的运动，不仅需要球员拥有精湛的挥杆技巧，更需要他们在比赛中保持积极、稳定的心理状态。其中，自信和放松两种心理状态对于高尔夫挥杆效果的影响尤为显著。

1. 自信对挥杆效果的影响

自信，是一种对自己能力和价值的积极肯定，它能够帮助球员在比赛中保持冷静、坚定和专注。在高尔夫挥杆过程中，自信的作用主要体现在以下几个方面：

首先，自信有助于球员更好地应对压力和挑战。在高尔夫比赛中，尤其是在关键时刻，球员往往会面临巨大的压力。此时，自信的球员能够保持冷静的头脑，不被外界因素所干扰，从而更好地应对各种挑战。

其次，自信能够促进球员技术的发挥。当球员对自己的能力充满信心时，他们在挥杆过程中会更加自如、流畅，技术动作也会更加准确。这种自信状态下的挥杆，往往能够发挥出球员的最佳水平。

最后，自信还能够增强球员的专注力和决策能力。自信的球员在比赛中能够更加专注于自己的技术和策略，不受外界干扰，同时也能够在关键时刻做出正确的决策，从而取得更好的成绩。

2. 放松对挥杆效果的影响

与自信相比，放松同样是高尔夫挥杆过程中不可或缺的心理状态。放松能够帮助球员减少不必要的肌肉紧张和心理压力，使他们在挥杆过程中更加自如、流畅。

首先，放松有助于球员减少失误。在高尔夫比赛中，由于紧张和焦虑等负面情绪的影响，球员可能会出现肌肉僵硬、动作不协调等问题，从而导致失误的发生。而放松状态下的球员能够更好地控制自己的身体和情绪，减少失误的发生。

其次，放松能够促进球员技术的发挥。当球员身体放松时，他们的肌肉能够更加协调地工作，技术动作也会更流畅。球员在这种放松状态下挥杆，不仅能够提高挥杆的准确性，还能够增加挥杆的力量和稳定性。

最后，放松还能够增强球员的感知能力和反应速度。在高尔夫比赛中，球员需要时刻关注球场上的变化，并做出快速而准确的反应。放松状态下的球员能够更加敏锐地感知这些信息，并做出正确的反应，从而取得更好的成绩。

3. 自信与放松的相互作用

虽然自信与放松在高尔夫挥杆过程中各自扮演着不同的角色，但它们之间也存在着密切的联系和相互作用。一方面，自信可以帮助球员更好地放松自己，减轻不必要的压力和紧张情绪；另一方面，放松状态下的球员也更容易产生自信感，对自己的能力和表现更加有信心。这种自信与放松的良性循环，能够进一步提升球员的挥杆效果，使他们在比赛中发挥出更好的水平。

4. 培养自信与放松的策略

为了在高尔夫比赛中保持自信和放松的心理状态，球员需要采取一些有效的策略和方法。首先，他们可以通过积极的心理暗示和自我激励来增强自信心；其次，他们可以通过深呼吸、肌肉放松等技巧来减轻紧张情绪；此外，他们还可以通过模拟比赛、调整训练计划等方式来提高自己的技术水平和应对能力。这些策略和方法需要球员在长期的训练和比赛中不断实践和调整，以便更好地适应不同的比赛环境和挑战。

自信和放松是高尔夫挥杆过程中不可或缺的心理状态。它们对球员的挥杆效果产生深远的影响，能够帮助球员在比赛中保持冷静、坚定和专注，发挥出最佳水平。因此，高尔夫球员需要重视自信与放松的培养和训练，以便在比赛中更好地应对各种挑战和压力，取得更好的成绩。同时，教练和团队也需要为球员提供必要的支持和帮助，共同促进球员的心理素质和技术水平的提高。

第二节　比赛中的心理调控技巧

一、呼吸与冥想练习

在高尔夫比赛中，除了技术层面的比拼，心理素质同样占据重要地位。面对压力、紧张情绪以及期望值的波动，有效地调控自己的心理状态，成了每位高尔夫球员必须面对的挑战。在众多心理调控技巧中，呼吸与冥想练习因其简单而高效的特点，被越来越多的球员重视。

呼吸练习是心理调控的基础。在高尔夫比赛中，紧张情绪往往会导致呼吸变得急促、较浅，这不仅影响了身体的稳定性，还会进一步加剧心理的紧张感。因此，学会通过呼吸来调整自己的状态显得尤为重要。在准备击球前，球员可以通过深呼吸来放松身体，降低心率，使自己进入更加平静的状态。深呼吸时，要将注意力集中在呼吸的感觉上，感受气息在鼻腔中流动，想象将身体中的紧张和压力随着呼气一同排出体外。这样的呼吸练习不仅有助于稳定情绪，还能提升专注力，使球员更加专注于当前的击球动作。

冥想练习则是心理调控的进阶技巧。冥想能够帮助球员在比赛前或比赛中建立起宁静的内心状态，从而更好地应对各种挑战。在冥想过程中，球员可以选择一个安静的环境，坐下或站立，闭上眼睛，专注于自己的呼吸，感受气息在身体中的流动。随着呼吸的逐渐平稳，球员可以尝试进入更深层次的冥想状态，想象自己在高尔夫球场上的理想表现，或是回忆过去成功击球的瞬间。这样的冥想练习不仅有助于提升自信，还能帮助球员在比赛中保持冷静，不受外界干扰。

将呼吸与冥想练习相结合，能够在高尔夫比赛中发挥出更大的作用。在准备击球前，球员可以先进行几分钟的深呼吸练习，使自己进入相对平静的状态。然后，再通过冥想练习来进一步巩固这种状态，想象自己在击球时的动作和感觉。当球员真正站到球场上时，他们已经通过呼吸与冥想练习为自己打下了坚实的心理基础，能更加自信、从容地面对每一次击球挑战。

值得注意的是，呼吸与冥想练习并不是一蹴而就的，需要球员在日常的训练和比赛中不断积累和实践。只有坚持长期练习，才能真正将这些技巧内化为自己的心理素质，从而在高尔夫比赛中发挥出最大的潜力。

呼吸与冥想练习是高尔夫比赛中非常有效的心理调控技巧。通过深呼吸来稳定情绪，通过冥想来提升自信和专注力，球员能够更好地应对比赛中的各种挑战。然而，球员需要在日常训练中不断练习和巩固这些技巧，才能真正发挥出其应有的作用。对于追求高尔夫运动卓越表现的球员来说，掌握并熟练运用这些心理调控技巧，无疑将为他们的比赛表现增添更多的信心和保障。

二、保持专注与积极思维

在高尔夫比赛中，心理调控的重要性不言而喻。专注与积极思维作为两种核心的心理素质，对于高尔夫球员在赛场上的表现起着至关重要的作用。

保持专注是高尔夫比赛中不可或缺的心理调控技巧。在高尔夫运动中，每一个击球动作都需要球员全神贯注，因为即使是最微小的分神都可能导致击球失误。为了保持专注，球员可以采取一些具体的策略。首先，他们可以在准备击球前进行短暂的呼吸练习，通过深呼吸来平静心灵，排除杂念。其次，球员可以在比赛前设定一个明确的目标，并将所有注意力集中在如何实现这一目标上。这有助于将注意力从外部环境和其他可能的干扰因素中转移出来，使球员更加专注于比赛本身。

除了保持专注外，积极思维也是高尔夫比赛中至关重要的心理调控技巧。积极思维指的是在面对挑战和困难时，能够保持一种乐观、自信的态度，相信自己有能力克服困难并取得成功。在高尔夫比赛中，球员可能会遇到各种不可预测的情况，如天气变化、球场难度增加等。在这种情况下，保持积极思维尤为重要。球员可以通过自我暗示和自我激励来培养积极思维。例如，在遇到困难时，他们可以告诉自己，"我有能力应对这个挑战"或"这是一个学习的机会"。这样的自我暗示能够帮助球员保持信心，以更加积极的心态面对比赛。

保持专注与积极思维相辅相成，共同构成了高尔夫比赛中有效的心理调控策略。专注使球员能够将全部注意力集中在当前的击球动作上，而积极思维则为他们提供了面对挑战和困难时的心理支持。这两种技巧的结合能够帮助球员在比赛中保持最佳心理状态，发挥出自己的最佳水平。

然而，要想在高尔夫比赛中真正运用好这两种心理调控技巧，球员还需要在日常生活中进行大量的实践和训练。他们可以通过模拟比赛场景、与教练或心理顾问合作等方式来提升自己的专注力和积极思维能力。此外，球员还需要学会如何在比赛中调整自己的心理状态，及时从错误和挫折中恢复过来，保持积极的心态和自信。

保持专注与积极思维是高尔夫比赛中不可或缺的心理调控技巧。通过培养这两种技巧，球员能够在比赛中更好地应对各种挑战和困难，发挥出自己的最佳水平。同时，他们还需要在日常生活中进行大量的实践和训练，以提升自己的心理素质和应对能力。只有这样，球员才能在高尔夫比赛中取得更好的成绩和表现。

三、制订比赛目标与策略

在高尔夫比赛中，心理调控的重要性不言而喻。制订明确的比赛目标和策略是心理调控中至关重要的一环。它们帮助球员保持专注，提高决策效率，并在比赛中应对各种挑战。

首先，制订比赛目标是心理调控的基础。一个明确的目标能够为球员提供一个清晰的方向和动力。在制订目标时，球员应该考虑自己的实际水平和比赛条件，确保目标是具体、可衡量和可实现的。例如，球员可以将目标设定为在特定轮次中达到某个分数，或者在某个关键洞口实现特定的表现。这样的目标不仅能够帮助球员保持专注，还能够激发他们的斗志和自信心。

其次，制订比赛策略是实现比赛目标的关键。一个有效的比赛策略应该包括击球选择、球场管理和心理调整等方面。在击球选择方面，球员需要根据球场条件和自己的技术水平来选择合适的击球方式。例如，在面临长距离击球时，球员可以选择使用力量较大的球杆，而在面临短距离击球时，则需要更加精细地控制球路。在球场管理方面，球员需要合理规划自己的比赛节奏和体力分配。例如，在面对艰难的洞口时，球员可以选择保守打法以保存体力，而在面对简单的洞口时则可以更加冒险地尝试得分。此外，在心理调整方面，球员需要学会在比赛中保持冷静和自信。当面临挑战和困难时，他们可以通过深呼吸、放松肌肉等方式来缓解紧张情绪，并通过积极的自我暗示来提高自信心。

除了制订明确的比赛目标和策略外，球员还需要学会在比赛中灵活地调整自己的策略和心态。高尔夫比赛充满变数，球场条件和对手的表现都可能对比赛结果产生影响。因此，球员需要根据比赛实际情况及时调整自己的策略和心态。例如，当发现自己的击球表现不佳时，球员可以通过调整击球方式或者改变比赛节奏来适应新的情况。同时，在面对压力和挑战时，球员也需要学会保持冷静和自信，避免因为情绪波动而影响比赛表现。

在实践中，许多高尔夫球员都通过制订明确的比赛目标和策略实现了心理调控并取得了优异的比赛成绩。例如，一些球员会在比赛前进行详细的场地勘察和策略分析，以制订适合自己的比赛计划。在比赛中，他们会时刻关注自己的表现和对手的动向，并根据实际情况调整自己的策略。此外，他们还会通过心理训练来提高自己的心理调控能力，以更好地应对比赛中的各种挑战。

制订明确的比赛目标和策略是高尔夫比赛中实现心理调控的重要手段。通过制订具体、可衡量和可实现的目标，以及制订包括击球选择、球场管理和心理调整在内的有效策略，球员可以在比赛中保持专注、提高决策效率并应对各种挑战。同时，他们还需要学会在比赛中灵活地调整自己的策略和心态，以适应不断变化的比赛环境。只有这样，球员才能在高尔夫比赛中发挥出自己的最佳水平并取得优异的成绩。

第三节　培养良好的高尔夫心态

一、树立正确的比赛观念

高尔夫，一项被誉为"绅士运动"的体育项目，不仅是技术与体能的较量，更是心态与智慧的较量。在高尔夫赛场上，每一位球员都渴望发挥出自己的最佳水平，取得优异的成绩。然而，要实现这一目标，除了具备扎实的技术和良好的体能外，还需要培养正确的比赛观念，以保持良好的心态。

首先，高尔夫球员应该明确比赛的目的。高尔夫比赛不仅是为了争夺名次和荣誉，更是为了挑战自我、提升技能、享受运动的过程。球员应该将比赛视为一个展示自己实力、检验自己技术、锻炼自己心态的机会，而不是过分关注结果。只有树立正确的比赛目的，球员才能在比赛中保持平和的心态，不因输赢而过分激动或失落。

其次，高尔夫球员应该学会尊重对手和规则。在高尔夫比赛中，尊重对手是一种基本的体育精神。球员应该尊重对手的实力，认真对待每一杆击球，不因对手的水平高低而轻视或畏惧。同时，球员还应该遵守比赛规则，保持诚信和公正，不因个人利益而违反规则。尊重对手和规则不仅有助于维护比赛的公平性和秩序，也有助于球员树立良好的形象和声誉。

再次，高尔夫球员应该注重过程而非结果。在高尔夫比赛中，结果往往受到多种因素的影响，包括球员的技术水平、体能状况、心理状态以及球场条件等。因此，球员应该将注意力集中在比赛过程上，专注于每一杆击球的准备和执行，不因结果的好坏而过分影响自己的心态。通过关注过程，球员可以更好地发挥自己的潜力，提高技术水平，同时也能更好地享受高尔夫运动的乐趣。

最后，高尔夫球员应该保持自信和冷静。自信是高尔夫球员取得成功的关键因素之一。球员应该相信自己的技术和能力，在比赛中保持自信的心态。然而，自信并不意味着盲目乐观或忽视困难。在面对挑战和困难时，球员需要保持冷静的头脑，客观地分析形势，做出正确的决策。自信和冷静是相辅相成的，只有保持自信和冷静的心态，球员才能在比赛中稳定发挥，取得优异的成绩。

为了实现以上几点，高尔夫球员可以在日常训练中加强心态训练。例如，通过模拟比赛场景、调整训练难度等方式，提高自己在比赛中的应对能力。同时，球员还可以学习一些心理调控技巧，如深呼吸、放松肌肉等，以缓解比赛中的紧张情绪。此外，与教练、队友或心理咨询师进行交流和沟通，也是培养良好心态的有效途径。

树立正确的比赛观念对于培养良好的高尔夫心态至关重要。高尔夫球员应该明确比赛的目的，尊重对手和规则，注重过程而非结果，并保持自信和冷静的心态。通过加强心态训练和掌握心理调控技巧，球员可以在高尔夫比赛中发挥出自己的最佳水平，享受运动的乐趣，实现个人成长和提升。同时，这些正确的比赛观念也将对球员的日常生活和职业发展产生积极的影响。

二、享受高尔夫运动的过程

高尔夫，一项看似简单，实则深奥的运动，它的魅力不仅仅在于挥杆击球的那一瞬间，更在于整个运动过程中所蕴含的哲理和乐趣。对于许多高尔夫爱好者来说，享受高尔夫运动的过程比结果更为重要。因为在这个过程中，球员可以感受到身心合一的和谐，体验到不断挑战自我的乐趣，以及与自然和谐相处的宁静。

要培养良好的高尔夫心态，首先要学会放下对结果的过度执着。高尔夫运动中的每一个动作、每一个决策都充满了未知和变数，而这些未知和变数正是高尔夫运动的魅力所在。当人们过于关注结果时，往往会忽视过程中的美好和成长。因此，高尔夫球员应该把注意力放在如何打好每一杆球上，而不是过分担心最终的成绩。

其次，要学会在过程中寻找乐趣。高尔夫运动的过程本身就是一种享受，从准备动作到挥杆击球，再到球落地后的走向，每一个环节都充满了挑战和乐趣。高尔夫球员应该学会在过程中寻找乐趣，享受每一次挥杆带来的成就感和满足感。即使面对失败和挫折，也要从中找到成长和进步的动力。

再次，要学会与自我和谐相处。高尔夫运动是一种需要高度集中注意力和自我控制的运动，因此，高尔夫球员要学会与自我和谐相处，倾听内心的声音，了解自己的需求和限制。在比赛中，高尔夫球员应该根据自己的实际情况和球场条件来制订合理的策略和计划，而不是盲目追求成绩或模仿他人的风格。通过与自我和谐相处，高尔夫球员可以更好地发挥自己的潜力，实现自我超越。

最后，要学会与自然和谐相处。高尔夫球场通常都设计得非常精致和美丽，每一处景观都是大自然的杰作。在打球的过程中，高尔夫球员应该学会欣赏周围的风景，感受大自然的美丽和宁静。通过与自然和谐相处，高尔夫球员可以更好地放松身心，缓解压力，从而提高自己的专注力和表现力。

为了实现享受高尔夫运动的过程这一目标，高尔夫球员还需要在日常生活中积极地调整和实践。首先，要合理安排时间进行高尔夫练习和比赛，避免过度沉迷于成绩和胜负。其次，要关注自己在打球过程中的感受和体验，及时调整自己的心态和策略。最后，还可以参加一些高尔夫俱乐部或活动，与其他球友分享经验和心得，互相学习和进步。

享受高尔夫运动的过程体现了一种积极的生活态度和心态。通过放下对结果的过度执着、在过程中寻找乐趣、与自我和谐相处以及与自然和谐相处，高尔夫球员可以更好地体验到高尔夫运动的魅力和乐趣。同时，这种心态也将对高尔夫球员的日常生活和职业发展产生积极的影响。让他们在享受高尔夫运动的过程中，不断挑战自我、超越自我，实现自我价值和成长。

值得强调的是，享受高尔夫运动的过程并不意味着放弃对技术的追求和对成绩的渴望。相反，只有在不断追求技术和成绩的同时，才能真正体验到高尔夫运动的乐趣和成就感。因此，高尔夫球员应该在享受过程的基础上，不断地提升自己的技术水平和竞技能力，为自己的高尔夫之路注入更多的动力和激情。

三、不断学习与自我提升

培养良好的高尔夫心态对于高尔夫爱好者来说至关重要。高尔夫不仅仅是一项体育运动，更是一种生活态度和精神追求。在高尔夫的世界里，心态的好坏直接影响到球技的发挥和比赛的结果。因此，不断学习与自我提升是塑造良好高尔夫心态的必经之路。

首先，培养良好的高尔夫心态需要树立正确的认知。高尔夫运动需要精湛的技艺、良好的体能和出色的心理素质。其中，心理素质在高尔夫运动中起着举足轻重的作用。球员需要学会在压力下保持冷静，调整心态，专注于每一次击球。这种认知的建立需要球员不断学习高尔夫相关知识，理解高尔夫运动的本质，掌握高尔夫技能，从而建立起正确的自我评价体系。

其次，培养良好的高尔夫心态需要培养良好的习惯。高尔夫运动需要严谨的态度和细致的作风。球员需要在日常的训练和比赛中养成良好的习惯，如强化专注力训练，学会情绪管理、时间管理等。这些习惯的养成需要球员不断自我反省，找出自己的不足，通过学习和实践不断改进。同时，球员还需要学会在失败中汲取教训，保持积极向上的心态，勇于面对挑战。

再次，培养良好的高尔夫心态需要不断提高自己的技能水平。高尔夫技能的提升是球员不断追求的目标。通过不断学习和实践，球员可以提高自己的技术水平，增强自信心，从而在比赛中更好地应对各种挑战。同时，技能的提升也能让球员在享受高尔夫运动的过程中获得更多的成就感，进一步激发对高尔夫运动的热爱。

复次，培养良好的高尔夫心态还需要注重自我调整。在高尔夫比赛中，球员常常会遇到各种突发状况和不利局面。面对这些挑战，球员需要学会调整自己的心态，保持冷静和自信。这需要球员具备一定的自我调整能力，能够在关键时刻调整自己的情绪和状态，化压力为动力，迎难而上。

为了实现自我调整，球员可以通过心理训练、冥想、呼吸练习等方法来提高自己的心理素质。这些训练可以帮助球员在比赛中更好地应对压力，保持冷静和专注。同时，球员还可以通过与教练、队友或心理医生的沟通来寻求帮助和支持，从而更好地调整自己的心态。

最后，培养良好的高尔夫心态需要球员保持积极的生活态度。高尔夫运动不仅仅是一项竞技运动，更是一种生活方式。球员需要在日常生活中保持积极的心态，关注身心健康，培养自己的兴趣爱好，丰富自己的生活体验。这些积极的生活态度可以帮助球员在比赛中更好地应对挑战，保持平和的心态，从而取得更好的成绩。

培养良好的高尔夫心态需要球员不断学习与自我提升。通过树立正确的认知、培养良好的习惯、提高技能水平、注重自我调整以及保持积极的生活态度，球员可以在高尔夫运动中不断提升自己的心态水平，享受高尔夫运动带来的乐趣和成就感。同时，这些心态的培养也能为球员在人生道路上提供宝贵的启示和帮助。

第八章 高尔夫挥杆技术的教学方法

第一节 高尔夫教学的关键步骤

一、确定教学目标与评估水平

高尔夫挥杆技术是高尔夫运动中的核心技能，对于球员的比赛成绩和技能提升至关重要。在教学与训练过程中，确定明确的教学目标并准确评估球员的挥杆水平，是提升球员技术能力的关键步骤。

1. 确定教学目标

确定高尔夫挥杆技术的教学目标是开展教学计划的首要步骤，也是整个训练过程的基石。一个清晰、具体、可衡量的教学目标不仅为教练提供了一个明确的教学方向，同时也使得球员能够更清楚地了解自己的训练目的和期望达成的效果。

对于初学者而言，高尔夫挥杆技术的教学目标应当侧重于基础技术的掌握。这是因为，坚实的技术基础是球员后续技术提升的关键。初学者需要首先学习正确的握杆方式，这是高尔夫挥杆的第一步，影响着整个挥杆动作的流畅性和击球效果。正确的站姿和身体平衡同样至关重要，它们决定了挥杆的稳定性和力量的有效传递。基础挥杆动作的训练也是不可或缺的，它帮助球员建立起正确的肌肉记忆和挥杆节奏。

当球员已经掌握了基础技术之后，教学目标应转向技术细节的提升。例如，挥杆路径的优化可以提高击球的准确性和距离；杆面控制影响着球的飞行轨迹和落点；力量传递的效率则直接关系到击球距离。这些技术细节的提升，需要球员进行大量的练习和反复的调整，以达到最佳的击球效果。

除了技术层面的训练，高尔夫挥杆技术还需要优秀的体能和强大的心理素质作为支撑。因此，教学目标中还应包括增强核心力量、提高身体柔韧性等体能训练内容。同时，培养专注力和情绪管理能力也是不可或缺的。专注力可以帮助球员在击球时保持高度集中，而情绪管理能力则能让球员在面对困难和挑战时保持冷静和自信。

对于高水平的球员来说，仅仅掌握技术和体能是不够的，他们还需要学会如何在比赛中制订和执行有效的策略。这包括针对不同球洞选择合适的击球方式、根据比赛形势调整自己的战术以及在压力下保持冷静等。这些比赛策略和智慧的培养同样应作为教学目标的一部分。

2. 评估水平

准确评估球员的挥杆水平对于制订有效的教学计划和调整教学策略至关重要。只有通过科学的评估方法，教练才能全面了解球员的技术特点和不足之处，从而为他们提供更具针对性的指导。

观察与录像分析是一种非常实用的评估方法。教练可以通过现场观察或观看球员的挥杆录像来仔细分析他们的技术细节。例如，教练可以观察球员的握杆方式、站姿、挥杆路径等关键要素是否标准，以及是否存在一些常见的技术错误。通过录像分析，教练还可以更直观地看到球员在整个挥杆过程中的动作变化，从而更准确地找出需要改进的地方。

技能测试是另一种有效的评估方法。教练可以设计一系列的技能测试来量化球员的挥杆水平。例如，可以进行击球距离测试来评估球员的力量传递效率；通过准确性测试来检查球员的击球精准度；还可以进行一致性测试来评估球员在连续击球过程中的稳定性。这些技能测试的结果可以为教练提供客观的数据支持，帮助他们更科学地制订训练计划。

自我评估与反馈也是评估过程中不可忽视的一环。鼓励球员进行自我评估可以让他们更加主动地认识到自己的技术优点和不足之处。同时，教练也应及时给予反馈和指导，帮助球员明确自己的发展方向和需要改进的技术点。这种互动式的评估方式，可以增强球员的自我认知能力，提高他们的训练积极性和效果。

将球员的挥杆水平与同龄、同水平或同训练阶段的球员进行比较也是一种有效的评估方法。通过比较不同球员之间的技术水平和发展速度，教练可以更直观地了解球员在群体中的位置和竞争力。这种比较方式可以激发球员的竞争意识，促使他们更加努力地提升自己的技术水平。

3. 制订个性化教学计划

在制订个性化教学计划时，教练需要综合考虑球员的教学目标、技术水平、体能状况以及心理素质等因素。首先，应针对球员的具体需求和技术水平量身定制教学计划。对于初学者和高水平球员，教学计划的内容和重点应有所不同。初学者需要更多的基础技术训练和体能提升练习，而高水平球员则可能需要更多的技术细节优化和比赛策略训练。

其次，应合理安排教学计划中的训练内容、训练量和训练强度。训练内容应围绕教学目标展开，涵盖技术、体能和心理素质等各个方面。训练量和训练强度的设置应考虑到球员的身体状况和恢复能力，避免过度疲劳和受伤。

再次，还应注重教学计划的实践性和趣味性。通过设计多样化的训练方法和游戏化的练习方式，教练可以激发球员的训练兴趣，提高他们的积极性，增加他们的参与度。

最后，应定期评估和调整教学计划。教练需要密切关注球员的训练进展和反馈情况，及时发现问题并进行针对性的调整。通过不断优化教学计划，教练可以帮助球员更好地掌握高尔夫挥杆技术，提高他们的比赛成绩，提升他们的技能水平。

二、制订个性化教学计划

高尔夫挥杆技术的掌握与提升，依赖于个性化、系统化和科学化的教学计划。每位球员的身体条件、技术水平、学习速度以及个人目标均不相同，因此，一个有效的个性化教学计划，必须考虑到这些因素，以确保球员在最短时间内取得最大的进步。

1. 了解球员的基础情况

为了制订出真正符合球员需求的个性化教学计划，深入了解球员的基础情况是至关重要的第一步。这不仅涉及球员的生理特征，如年龄、身高和体重，还包括他们的身体状态、挥杆经验以及技术水平。每一个球员都是独一无二的，他们的身体状况、技能水平和经验直接影响着他们在高尔夫球场上的表现。

年龄是一个不可忽视的因素。年轻球员可能拥有更高的灵活性和学习能力，而年长球员则可能在稳定性和经验方面占有优势。身高和体重也会影响到球员的挥杆力度和角度，进而影响击球距离和准确性。

身体状态同样是一个重要的考量点。健康的身体是进行高尔夫运动的基石。教练需要了解球员是否有任何潜在的健康问题或伤病史，这些都可能限制他们的运动范围或影响他们的挥杆力度。

挥杆经验和技术水平则直接关系到球员当前的能力层次。一个经验丰富的球员可能更需要微调技术细节，而一个新手则可能要从基础动作开始学习。此外，球员的个人喜好也会在某种程度上影响他们的学习方式和进步速度。

除了上述基础信息，了解球员的长期和短期目标也是关键。这些目标不仅为教练提供了教学的方向，也能帮助球员保持学习的动力和焦点。一个明确的目标可以让球员更加投入地参与训练，更快地看到自己的进步。

在充分了解球员的基础情况后，教练应将这些信息整合并转化为具体的教学策略。例如，针对年龄较大、有伤病史但技术水平较高的球员，教练可能会设计一套注重保护身体、避免过度劳损同时又能进一步提升技术的训练方案。而对于年轻、身体状态良好但经验不足的球员，教练则可能会从基础技术教起，同时注重培养他们的比赛意识和心理素质。

2. 设定明确的教学目标

设定明确的教学目标是高尔夫教练与球员共同合作的关键步骤。这些目标不仅指导着整个教学过程，还能使球员在训练中持续进步，最终实现他们的期望。在设定教学目标时，我们需要综合考虑技术、体能和心理三个方面，以确保球员的全面发展。

技术目标主要关注球员的挥杆动作、击球准确性和距离等技能方面的提升。例如，我们可能会设定一个目标，让球员在特定时间内改进某个挥杆动作，或者提高击球的准确性，减少失误。这些技术目标的设定有助于球员在训练中更加专注于技能的提升，从而在比赛中发挥出更好的水平。

体能目标侧重于增强球员的身体素质，包括核心力量、柔韧性和耐力等方面。

一个强健的体魄是高尔夫运动员取得优异成绩的基础。因此，我们会根据球员的实际情况，设定合适的体能目标，如增强核心肌群的稳定性、提高身体的柔韧度或增加有氧运动耐力等。这些体能目标的实现，将有助于球员在比赛中保持更好的状态，提高抗压能力。

心理目标则着重于球员在比赛中的心理状态和自信心。高尔夫比赛不仅考验球员的技能和体能，更是一场心理战。因此，我们会与球员共同设定心理目标，如提升自信心、学会应对比赛压力和保持专注力等。这些心理目标的达成，将有助于球员在关键时刻保持冷静，发挥出自己的最佳水平。

为了确保教学目标的实现，我们会与球员一起制订详细的训练计划，并定期进行评估和调整。通过不断努力和实践，我们相信球员能够在高尔夫这项运动中取得长足的进步，实现自己的远大目标。

3. 设计针对性的教学内容

设计针对性的教学内容是高尔夫教学计划中的核心环节。为了确保每位球员都能得到最适合自己的训练，教练需要根据球员的基础情况和教学目标，量身定制一套科学、系统的教学内容。

对于初学者，基础技术的教授和巩固无疑是重中之重。这一阶段的教学内容应围绕高尔夫的基本动作和规则展开，帮助球员学会正确的挥杆姿势和击球方式。通过反复练习和教练的即时反馈，初学者能够迅速掌握高尔夫的基本技能，为后续的发展奠定坚实基础。

当中级球员已经掌握了一定的基础技能后，教练应将教学重点转向技术细节的改进和体能训练的加强。在技术方面，教练需要针对球员在挥杆、击球等方面存在的问题进行精细调整，以提升其技术的准确性和稳定性。同时，随着技能水平的提升，体能训练也变得越来越重要。中级阶段的教学内容应包含有针对性的力量训练、柔韧性练习和有氧运动，以增强球员的体质和耐力。

对于高级球员，他们在技术和体能方面已经达到了一定的水平。因此，教练在制订教学内容时，应更加注重比赛策略的制订和心理素质的培养。在策略方面，教练需要教会球员如何根据球场条件、自身状态以及对手情况来灵活调整击球方式和力度。而在心理素质方面，教练则需要通过专门的训练和实践，帮助球员增强自信心、学会应对比赛压力并保持高度的专注力。

除了上述针对不同水平和需求球员的个性化教学内容外，教练还应结合球员的个人喜好和学习速度来设计课程。对于喜欢挑战和刺激的球员，可以增加一些趣味性强的练习项目；而对于学习速度较慢的球员，则可以采用更加循序渐进的教学方法，以确保他们能够稳步提高。

4. 制订灵活多变的训练计划

训练计划是高尔夫教学计划中的关键环节，它不仅指导着球员的日常训练，还为他们提供了达成目标的具体路径。一个全面而有效的训练计划应该覆盖多个方面，包括训练内容、训练量、训练强度以及训练频率。这些元素的合理搭配能够最大限度地提升球员的技术水平和竞技状态。

在制订训练内容时，教练需要充分考虑球员的当前技术水平、体能状况以及心理承受能力。技术训练可以包括基础动作练习、短杆技巧提升、长杆击球策略等。同时，体能训练也是不可忽视的一部分，它涵盖了力量、柔韧性、协调性和耐力的培养。心理训练同样重要，特别是在高压的比赛环境中，稳定的心态往往是获胜的关键。

训练量和训练强度的设定需要因人而异。对于初学者，应给予他们更多的基础练习，以帮助他们逐步建立起扎实的基本功；而对于进阶或高级球员，更复杂的击球技巧和策略性练习则成为重点。训练强度也要适中，既要避免过度疲劳，又要保证训练效果。

此外，训练频率的安排也需科学合理。过于密集的训练可能导致球员身心疲惫，影响训练效果和比赛表现；而过于稀疏的训练则可能使球员的技术水平停滞不前。因此，教练需要找到一个平衡点，确保球员在最佳状态下持续进步。

更为关键的是，训练计划不能一成不变。随着球员技术的提升和比赛经验的积累，训练计划应随之调整。这就要求教练密切关注球员的发展动态，根据实际情况灵活调整训练内容、训练量、训练强度和训练频率。这种灵活性和可调整性是确保训练计划始终与球员发展相匹配的关键。

5. 定期评估与反馈

在高尔夫教学中，定期的评估与反馈是确保教学计划有效实施和及时调整的重要环节。评估不仅是为了了解球员当前的技术水平、体能状况和心理状态，更是为了发现潜在的问题并制订相应的改进措施。

技术水平评估可以通过观察球员的击球动作、击球距离和准确度等指标来进行。如果教练发现球员的击球动作存在明显的瑕疵，就需要及时调整训练计划，增加针对性的技术练习，帮助球员纠正错误动作。

体能评估则主要关注球员的力量、速度、耐力和柔韧性等方面。这些指标对于高尔夫运动员来说至关重要，因为它们直接影响到球员的击球效果和比赛表现。通过定期的体能测试，教练可以了解球员的体能状况，并据此调整训练强度和内容，以确保球员在比赛中保持最佳状态。

心理状态评估同样不可忽视。高尔夫比赛对球员的心理素质要求极高，特别是在关键时刻，心态往往能决定胜负。教练可以通过与球员沟通、观察他们在训练和比赛中的表现来了解他们的心理状态，并提供必要的心理辅导和支持。

在评估的基础上，教练还需要给予球员及时的反馈和指导。这不仅可以帮助球员认识到自己的优点和不足，更能激发他们的学习热情和动力。通过正面的鼓励和建设性的批评，教练可以引导球员在技术和心理上不断进步。

6. 创造良好的学习环境

在高尔夫教学中，学习环境的好坏直接影响着球员的学习效果和心态。积极、宽松、愉快的学习氛围能够让球员更加专注于学习，享受高尔夫带来的乐趣。为了创造这样的学习环境，教练首先需要与球员建立起良好的师生关系。通过真诚的沟通和交流，教练可以了解球员的需求和困惑，为他们提供更加贴心的指导和帮助。同时，教练的鼓励和支持也能让球员更加自信地面对挑战和困难。

除了师生关系外，教练还可以通过多种方式来营造积极的学习氛围。例如，教练可以组织一些小型的比赛或活动，让球员在轻松愉快的氛围中提升技术水平；或者利用现代科技手段，如虚拟现实技术或高尔夫模拟器，为球员提供更加多样化和趣味性的学习方式。

此外，教练还应注重培养球员的自主学习能力和团队协作精神。通过引导球员自主制订训练计划、分析击球数据等方式，教练可以帮助他们更好地认识自己的技术特点和提升空间。同时，鼓励球员之间互相学习和交流也是营造良好学习氛围的重要途径。在团队协作中，球员可以相互激励、共同进步，形成积极向上的学习氛围。

7. 总结与展望

高尔夫挥杆技术的个性化教学计划是一个系统工程，需要教练和球员的共同努力和配合。通过深入了解球员的基础情况，设定明确的教学目标，设计针对性的教学内容，制订灵活多变的训练计划，以及定期评估与反馈，教练可以为球员制订有效的个性化教学计划，帮助他们更好地掌握高尔夫挥杆技术，实现技术提升和个人成长。同时，随着技术的不断进步和球员需求的变化，教练还应不断调整和优化教学计划，以适应新的形势和需求。展望未来，个性化教学计划将在高尔夫教学中发挥更加重要的作用，为培养更多优秀的高尔夫球员提供有力的支持。

三、采用多种教学方法与手段

高尔夫挥杆技术的教授和学习，是一个复杂而精细的过程，需要采用多种教学方法与手段，以适应不同球员的学习需求和技能水平。教学方法与手段的选择和运用，对于提高球员的挥杆效率、增强他们的比赛竞争力，具有至关重要的作用。

1. 示范教学法

示范教学法在高尔夫教学中占据着举足轻重的地位，它是高尔夫教学的基石，能为球员直观地展示了正确的挥杆姿势和技术要点。通过教练的精准示范，球员能够迅速捕捉到挥杆动作的关键细节，从而为自己的挥杆技术奠定坚实的基础。

在进行示范教学时，教练的示范动作必须准确无误、流畅自然。这不仅要求教练具备高超的挥杆技术，还需要他们将这种技术以最佳的方式呈现出来。每一个细节，从握杆的姿势到身体的转动，再到挥杆的轨迹，都需要教练以极高的精确度进行展示。只有这样，球员才能从教练的示范中汲取最有价值的信息。

除了准确的示范动作，教练还需要结合详细的讲解。这种讲解不仅应该包括挥杆的技术要点，还应该涵盖挥杆的原理和目的。例如，教练可以解释为什么某种挥杆方式能够更有效地传递力量，或者为什么某种站姿能够提高击球的稳定性。

通过这种深入浅出的讲解，球员不仅能够模仿教练的动作，更能够理解动作背后的逻辑和科学原理。

示范教学法的目的在于帮助球员建立起正确的挥杆概念。在高尔夫运动中，正确的挥杆概念是至关重要的。它不仅能够提高球员的击球效果，还能够帮助他们预防运动损伤，延长运动生涯。因此，教练在进行示范教学时，必须确保球员能够充分理解和吸收所展示的技术要点和挥杆理念。

2. 分解教学法

高尔夫挥杆动作是一个复杂且精细的过程，它涵盖了多个步骤和要素，从握杆、站姿到挥杆路径和击球点等，每一个环节都至关重要。对于初学者或技术水平有待提升的球员来说，很难一步到位地掌握整个挥杆动作。这时，分解教学法便显示出了其独特的优势。

分解教学法是将复杂的挥杆动作拆解成若干个相对独立且易于掌握的部分，然后分步骤进行教授和练习。例如，教练可以先从握杆开始教起，确保球员掌握正确的握杆方式和手部姿势；接着是站姿和身体平衡的训练，这是挥杆稳定的基础；然后是挥杆的准备动作，包括起杆、下杆、击球和收杆等关键步骤。每一步都需要球员进行反复练习和巩固，直到熟练掌握。

通过分解教学法，球员可以更加清晰地理解每个动作的要领和关键点。在每个分解动作的练习中，教练可以给予即时的反馈和指导，帮助球员纠正错误动作，避免形成不良习惯。这种针对性的训练方式不仅提高了学习效率，还能增强球员的自信心和动力。

此外，分解教学法还有助于球员逐步建立起对整个挥杆动作的完整认知。当球员逐个掌握分解动作后，他们可以更自然地将这些动作连接起来，形成流畅且准确的挥杆。这种逐步累加的学习方式符合人类学习的认知规律，有助于球员更好地掌握高尔夫挥杆技术。

3. 镜像练习法

镜像练习法在高尔夫教学中是一种极具创新性和实用性的教学方法。通过利用镜子或视频设备，球员可以实时观察自己的挥杆动作，并与标准动作进行直观的对比。这种方法不仅有助于球员及时发现并纠正自己的错误动作，还能提升他们的自我认知和技术水平。

在实施镜像练习法时，教练首先会向球员展示正确的挥杆动作，并详细解释每个动作的要领和关键点。随后，球员会在教练的指导下进行挥杆练习，同时通过镜子或视频设备观察自己的动作。这种即时的视觉反馈能够让球员清晰地看到自己的挥杆姿势、动作轨迹以及身体各部位的协调性。

通过观察自己的挥杆动作，球员可以很容易地找出与标准动作的差异。例如，他们可能会发现自己的挥杆路径不够流畅，或者杆面控制不够准确。在教练的帮助下，球员可以针对这些问题进行调整和改进。这种自我观察和纠正的过程不仅提高了球员的技术水平，还培养了他们的自我调整能力。

镜像练习法的优点在于其直观性和实时性。球员可以即时看到自己的动作表现，从而及时调整和改进。此外，这种方法还有助于增强球员的学习动力和自信心。当他们看到自己的进步时，会更加积极地投入训练中，不断提高自己的技术水平。

4. 模拟训练法

模拟训练法在高尔夫教学中占据着举足轻重的地位。这种教学方法通过模拟实际比赛场景，为球员打造一个近似真实的竞技环境，从而帮助他们更好地适应比赛的压力和节奏。模拟训练不仅仅是对技术动作的模拟，更是对比赛心态、策略选择以及应对突发状况的全方位模拟。

在实施模拟训练法时，教练可以运用先进的模拟器材或软件，这些工具能够精确地模拟出各种球场条件、天气状况以及比赛压力。球员在这样的环境中进行挥杆练习，仿佛置身于真实的比赛中，每一次挥杆都至关重要。通过这种方式，球员可以更加深入地了解自己在比赛中的表现，发现潜在的问题，并针对性地进行改进。

模拟训练法的优势在于其高度的真实性和可重复性。球员可以在一个相对安全、受控的环境中反复练习，直至熟练掌握所需的技能。此外，通过模拟训练，球员还能学会如何在紧张情况下保持冷静，如何调整自己的比赛策略以适应不同的球场和环境。

值得一提的是，模拟训练法并不仅仅适用于高水平球员。无论是初学者还是经验丰富的选手，都可以通过这种方法来提升自己的技能和心理素质。对于初学者而言，模拟训练可以帮助他们更快地掌握基础技能，并培养他们的比赛意识；而对于高水平球员来说，这种方法可以帮助他们精进技术，优化比赛策略，并进一步提高自己的竞技水平。

在实施模拟训练法时，教练需要密切关注球员的表现，并根据他们的反馈不断调整训练内容。通过这种方式，教练可以确保每位球员都能从模拟训练中获得最大的收益，为未来的比赛做好充分的准备。

5. 互动教学法

互动教学法在高尔夫教学中是一种极为重要且富有成效的方法。这种教学方法的核心在于教练与球员之间的积极互动，通过这种方式，教练不仅能够更深入地了解球员的学习需求和困惑，还能提供更为精准、个性化的指导。

在高尔夫教学中，互动教学法的应用可以显著增强球员的学习兴趣和积极性。当球员感受到教练的关注和个性化的指导时，他们更有可能投入学习中，主动探索和提高自己的技能。此外，通过与教练的互动，球员可以及时反馈自己在学习过程中的感受和问题，从而得到针对性的帮助和解决方案。

实施互动教学法时，教练需要具备良好的沟通能力和敏锐的观察力。他们应该能够准确捕捉球员的需求和困惑，通过有效的提问和引导，帮助球员自主发现问题并寻求解决方案。这种教学方式不仅有助于提升球员的技术水平，还能培养他们的解决问题能力和自主学习能力。同时，教练的鼓励和认可也能极大地增强球员的自信心和学习动力，使他们在高尔夫的道路上走得更远。此外，互动教学法还有助于教练和球员之间建立更紧密的联系和信任，为长期的教学合作奠定坚实的基础。

6. 个性化教学法

个性化教学法在高尔夫教学中具有举足轻重的地位。每位球员都是独一无二的，他们的身体条件、技术水平和学习速度都存在着显著的差异。因此，作为教练，我们必须摒弃"一刀切"的教学方式，转而采用更为精细化的个性化教学法。

个性化教学法的核心理念是"因材施教"。这就要求教练在深入了解每位球员的基础上，为他们量身定制一套最适合的教学方案。例如，对于初学者，教练可以采用更多的示范教学和分解动作练习，帮助他们逐步掌握高尔夫的基础动作和技巧。而对于技术水平较高的球员，教练可以通过模拟训练和互动教学，进一步提升他们的实战能力和比赛策略。

实施个性化教学法的过程中，教练需要扮演多个角色。他们既是技术的传授者，又是心理的引导者，更是球员成长路上的伙伴。教练需要密切关注球员的每一个细微变化，及时调整教学策略，确保每位球员都能在最适合自己的教学环境中茁壮成长。

此外，个性化教学法还强调与球员的沟通和互动。通过有效的交流，教练可以更好地了解球员的需求和困惑，从而为他们提供更加贴心的指导。这种教学方式不仅能够提升球员的技术水平，还能培养他们的自信心和学习兴趣，让他们在高尔夫的道路上走得更远、更稳。

7. 心理辅导法

在高尔夫运动中，技术虽然至关重要，但心理素质同样是决定胜负的关键因素。一个优秀的球员，在面对压力和挑战时，必须能够保持冷静、集中注意力，并做出正确的决策。因此，心理辅导法在高尔夫教学中占据着举足轻重的地位。

心理辅导法可以通过多种方式进行。个别咨询是一种非常有效的方法，教练可以与球员进行一对一的深度交流，了解他们的内心想法、焦虑点和自信心状况。通过这种咨询，教练能够更准确地把握球员的心理状态，从而为他们提供更为个性化的心理支持和辅导。

除了个别咨询，团体训练也是一种颇具效果的心理辅导方式。在团体训练中，球员可以共同面对和解决心理问题，通过集体讨论、角色扮演、情景模拟等活动，提升应对压力和挑战的能力。这种训练方式不仅能够增强球员之间的团队协作能力，还能让他们在互相学习和支持中共同成长。

心理辅导法的核心在于帮助球员调整心态、增强自信心以及应对比赛压力。在面对困难和挑战时，积极的心态能够让球员更加冷静地分析问题、找出解决方案。自信心则是球员在比赛中发挥出色的基石，只有相信自己，才能在关键时刻顶住压力、发挥出最佳水平。而比赛压力的应对能力，更是直接关系到球员在紧张环境下的表现。通过心理辅导法，教练可以帮助球员学会如何调整呼吸、放松肌肉、转移注意力等技巧，从而更好地应对比赛中的压力和挑战。

在高尔夫教学中运用心理辅导法时，教练还需要注意与球员建立起良好的信任和沟通机制。只有当球员感受到教练的关心和支持时，他们才会更加敞开心扉、分享自己的困惑和问题。同时，教练也要不断学习和更新自己的心理辅导技巧，以便更好地为球员提供专业、有效的心理支持。

8. 实践教学法

在高尔夫教学的众多方法中，实践教学法无疑是最为直接和有效的一种。高尔夫运动本身就是一项实践性极强的体育活动，它要求球员在真实的场地环境中，通过不断的挥杆实践来提升自己的技术水平。

实践教学法的核心理念是"在做中学，学中做"。教练通过引导球员进行大量的实践练习，让他们在实际操作中感受挥杆的力度、角度和节奏，从而逐步掌握高尔夫挥杆技术的精髓。这种教学方法不仅能够加深球员对技术动作的理解，还能帮助他们在实践中发现并纠正自己的错误，不断提高技术水平。

在实践教学法中，教练的角色至关重要。教练需要根据球员的实际情况，制订合适的实践计划，并在练习过程中给予及时的指导和反馈。例如，对于初学者，教练可以从基础动作入手，通过简单的挥杆练习帮助他们建立起正确的动作模式；对于进阶球员，教练则可以设置更为复杂的实践任务，如在不同地形和风速条件下进行挥杆练习，以提升他们的应变能力和技术水平。

实践教学法的优势在于其直观性和实用性。通过实践，球员可以亲身感受高尔夫运动的魅力，并在实际操作中不断提升自己的技术水平。同时，实践教学法还能培养球员的自主学习能力和问题解决能力，为他们在高尔夫运动中的长远发展奠定坚实基础。

为了更好地实施实践教学法，教练还可以结合其他教学方法，如示范教学法、讲解教学法等，形成综合性的教学模式。例如，在实践教学之前，教练可以通过示范和讲解帮助球员明确技术要领和注意事项；在实践教学过程中，教练则可以通过及时的指导和反馈，引导球员发现并解决问题。

高尔夫挥杆技术的教授和学习是一个持续不断的过程，需要教练和球员共同努力、不断探索和创新。在这个过程中，实践教学法将始终发挥着不可替代的作用，帮助球员在实际操作中不断提升自己的技术水平，享受高尔夫运动带来的无尽乐趣。

综上所述，高尔夫教学需要综合运用多种教学方法与手段，从制订灵活的训练计划、定期的评估与反馈、创造良好的学习环境，到心理辅导法和实践教学法的应用，每一个环节都至关重要。教练应根据球员的实际情况和需求，灵活调整教学策略，以最大限度地提升球员的技术水平和比赛表现。同时，教练也需保持开放的心态，不断学习和探索新的教学方法，以适应高尔夫运动的不断发展和变化。

第二节　针对不同水平和需求的教学策略

一、初学者教学策略

对于高尔夫挥杆的初学者来说，教学策略的制订尤为关键。初学者的特点在于对高尔夫运动及挥杆技术几乎一无所知，缺乏基本的技能和身体协调性。因此，教练需要采用一系列具有针对性、系统性的教学方法与手段，帮助初学者建立正确的基础，并逐步掌握高尔夫挥杆技术。

1. 基础动作教学

在高尔夫教学中，基础动作的教学是至关重要的一环。对于初学者而言，首先需要打下的就是坚实的技术基础，而这离不开对高尔夫挥杆的基础动作的深入学习和实践。这些基础动作，如站姿、握杆、瞄球等，看似简单，实则每一个细节都蕴含着深厚的学问。

站姿，是高尔夫挥杆的起点。正确的站姿不仅能够帮助球员保持身体平衡，还能确保挥杆的流畅性和力量的有效传递。教练在教学过程中，应该详细讲解并示范正确的站姿，包括双脚的开立宽度、膝盖的弯曲程度、重心的分配以及脊椎的挺直等要点。同时，教练还需要纠正初学者常见的错误站姿，比如身体过于前倾或后仰，双脚距离过近或过远等。

握杆，是连接球员与球杆的桥梁。正确的握杆方式能够确保球员在挥杆过程中对手腕和手臂的控制，从而影响球的方向和距离。教练需要教授初学者正确的握杆手势，包括手指的放置、手掌的贴合度以及握杆的力度等。此外，教练还可以通过让初学者进行多次握杆练习，来帮助他们找到最适合自己的握杆方式。

瞄球，是挥杆前的最后准备动作。好的瞄球姿势能够让球员更加准确地判断球的位置和距离，从而调整挥杆的力度和方向。教练在教学过程中，应该强调瞄球的重要性，并教授初学者如何正确地瞄准球心、调整视线和对齐身体等。

在教授这些基础动作时，教练需要通过示范和讲解相结合的方式，让初学者明确每个动作的要领和细节。同时，教练还需要在实践中进行反复练习和纠正，以确保初学者能够真正掌握这些基础动作。基础动作的稳定性对于后续技术的学习至关重要，因此教练需要保持足够的耐心和细心，对每一个初学者进行个性化的指导。

2. 渐进式教学

在高尔夫教学中，针对初学者的教学方法至关重要。鉴于初学者的技能水平有限，教练需要采取一种既能激发他们学习兴趣，又能逐步提升技能的教学方法。这就是渐进式教学，一种从简单到复杂、循序渐进的教学方式。

渐进式教学的核心思想是逐步引导初学者从掌握基本技能开始，逐渐增加难度，挑战自己的技术水平。这种方法不仅有助于初学者建立扎实的技术基础，还能让他们在学习过程中保持积极性和自信心。

在实施渐进式教学时，教练首先要对初学者的现有技能进行评估，了解他们的实际水平。然后，根据评估结果制订个性化的教学计划，从最简单的动作开始教授。例如，对于高尔夫挥杆技术，教练可以先从基本的挥杆姿势和动作入手，让初学者掌握正确的站姿、握杆和挥杆路径。

一旦初学者掌握了这些基本技能，教练就可以逐步增加难度，引入更复杂的动作和技巧。例如，可以教授转身动作，让初学者学会如何在挥杆过程中有效地转移身体重心，从而提高击球力量和准确性。此外，还可以教授不同的球位处理和特殊球路的打法，以丰富初学者的技术储备。

渐进式教学的优势在于它能够让初学者在逐步挑战自己的过程中不断提高技

能水平。每当初学者掌握一个新的技能或动作时，他们都会感受到自己的进步和成就，这将进一步激发他们的学习兴趣和动力。

同时，教练在教学过程中要密切关注初学者的反馈和表现，根据实际情况调整教学计划和难度。通过与初学者的沟通和互动，教练可以更好地了解他们的学习需求和困难，从而提供更加有针对性的指导。

3. 多感觉教学

多感觉教学是一种全方位、立体化的教学方法，它充分利用了人类的视觉、听觉、触觉等多种感觉来增强学习效果。在高尔夫教学中，这种教学方法对于初学者来说尤为重要，因为它能够帮助初学者更全面地理解和掌握高尔夫挥杆技术。

首先，视觉是学习过程中最为直观的感觉。教练可以通过示范动作和镜像练习，让初学者直观地观察到正确的挥杆姿势和动作轨迹。在示范过程中，教练要确保动作准确、流畅，以便给初学者留下深刻的印象。同时，利用镜子或视频设备让初学者观察自己的挥杆动作，并与标准动作进行对比，这样他们可以更清晰地发现自己的不足之处，从而有针对性地进行改进。

其次，听觉在学习过程中也扮演着重要角色。教练在示范动作的同时，要用简洁明了的语言描述动作要领和关键点，以便初学者更好地理解和记忆。此外，教练还可以通过声音的节奏和音调来引导初学者的挥杆节奏和力度。例如，在初学者进行挥杆练习时，教练可以通过拍手或喊口令的方式，帮助他们掌握正确的挥杆速度和节奏。

最后，触觉是高尔夫挥杆技术学习中不可或缺的一部分。通过手感练习和触觉反馈，初学者可以更加直观地感受到挥杆过程中的力量分布和动作轨迹。教练可以设计一些专门的练习，如让初学者握住不同重量的球杆进行挥杆，以便他们更好地感知挥杆时的力量变化和手部姿势的调整。同时，教练还可以通过触摸初学者的手臂、肩膀等部位，帮助他们纠正不正确的动作和姿势。

4. 个性化教学

在高尔夫教学的实践中，个性化教学是一种至关重要的方法。每个初学者的身体条件和学习速度都是独一无二的，因此，教练不能采用一成不变的教学方式。个性化教学的核心在于，根据每个初学者的具体情况，量身定制最合适的教学方案。

例如，面对身体柔韧性较差的初学者，教练需要特别注意。这类学员可能在进行某些挥杆动作时会感到困难，甚至有可能因为身体柔韧性的限制而影响技术的提升。为此，教练可以专门设计一些拉伸和瑜伽等练习，帮助他们逐步提高身体的柔韧性。这些练习不仅有助于改善初学者的身体条件，还能在一定程度上预防运动损伤。

对于学习速度较慢的初学者，教练则需要采用更加细致和耐心的指导方式。这类学员可能需要更多的时间来理解和掌握高尔夫的挥杆技术，因此，教练在教学过程中应保持足够的耐心，避免给学员带来过多的压力。同时，通过分解动作、多次示范以及使用辅助教学工具等方法，可以帮助他们更好地理解和掌握技术要领。

个性化教学的实施，需要教练具备丰富的教学经验和敏锐的观察力。教练要能够准确地识别每个初学者的特点和需求，从而为他们提供最合适的教学方案。通过这种方式，不仅可以满足初学者的不同需求，还能极大地提高教学效果，使每个学员都能在高尔夫的学习中取得进步。

此外，个性化教学还强调教练与学员之间的沟通和互动。教练应鼓励学员提出问题和建议，以便及时调整教学策略，确保教学内容与学员的实际需求紧密相连。这种灵活的教学方式，无疑将使高尔夫教学更加高效和有趣。

5. 反复练习与反馈

在高尔夫挥杆技术的教学中，反复练习被视为掌握和提高技术的关键途径。对于初学者而言，通过反复练习，他们不仅能够加深对挥杆动作的理解和记忆，还能在实践中不断调整和完善自己的技术。

为了确保练习的有效性，教练需要为初学者安排充足的练习时间。在这段时间里，初学者可以重复练习，从而巩固所学的挥杆动作。教练还应根据初学者的实际情况，设置不同难度级别的练习任务，使他们在挑战中逐步提升自己的技术水平。

然而，单纯的反复练习并不足以确保技术的快速提升。在此过程中，教练的及时反馈和指导同样至关重要。当初学者在练习中出现错误或不足时，教练应迅速指出，并给予具体的纠正建议。通过即时的反馈，初学者可以更加明确地了解自己的问题所在，从而有针对性地进行改进。

除了技术层面的反馈，教练还应关注初学者的心理状态。在面对困难和挫折时，教练的鼓励和支持往往能够帮助初学者重拾信心，继续坚持练习。因此，教练在提供反馈时，也应注重与初学者的情感沟通，为他们创造积极、向上的学习氛围。

通过反复练习与反馈的有机结合，初学者可以在高尔夫挥杆技术上取得显著的进步。这种教学方法不仅强调技术的磨炼，还注重初学者的心理调适，为他们在高尔夫领域的长远发展奠定了坚实的基础。

6. 培养兴趣和自信心

在高尔夫挥杆技术的教学过程中，培养初学者的兴趣和自信心同样至关重要。兴趣是最好的老师，它能激发初学者的学习热情和动力，使他们在学习过程中保持持久的专注和投入。而自信心则是成功的关键，它能让初学者在面对挑战和困难时保持坚定，勇往直前。

为了培养初学者的兴趣，教练可以采用多种教学方法和手段。例如，通过讲解高尔夫的历史和文化，引导初学者深入了解这项运动的魅力和价值。同时，教练还可以组织一些有趣的教学活动，如挥杆比赛、团队合作等，让初学者在轻松愉快的氛围中学习和提高。

在培养自信心方面，教练的鼓励和支持起着举足轻重的作用。当初学者取得进步或完成某个难度动作时，教练应及时给予肯定和赞美，让他们感受到自己的成长和成功。此外，教练还可以帮助初学者设定合适的学习目标和挑战，使他们在不断突破自我的过程中增强自信心。

除了教练的引导，初学者自身的心理调适也非常重要。面对学习过程中的挫折和失败，初学者应学会保持积极的心态，从中汲取经验教训，不断完善自己。同时，他们还应学会正确评价自己的技术水平和学习进度，避免盲目自卑或自负。

高尔夫挥杆初学者的教学策略需要注重基础动作教学、渐进式教学、多感官教学、个性化教学以及反复练习与反馈等方面。教练需要根据初学者的实际情况和需求制订针对性的教学计划和方法与手段，帮助他们建立正确的基础，并逐步掌握高尔夫挥杆技术。同时，教练还需要关注初学者的兴趣和自信心培养，让他们能够享受到高尔夫运动的乐趣，并在学习中不断成长和进步。

二、中级水平者教学策略

对于高尔夫挥杆的中级水平者来说，教学策略的制订需要更加注重技术的深化、细节的打磨以及实战应用的提升。中级水平者已经具备了一定的基础技能，但在技术的稳定性和精确性上仍有待提高。因此，教练需要采用一系列具有针对性和挑战性的教学方法与手段，帮助中级水平者突破技术瓶颈，实现技能的提升和突破。

1.技术深化与细节打磨

对于中级水平的高尔夫球员来说，技术的深化和细节的打磨是提升水平的关键。在初级阶段，球员可能已经掌握了一些基础的高尔夫技术，但随着水平的提升，对技术的要求也更为精细和严格。因此，教练需要在这个阶段发挥至关重要的作用，帮助球员在技术层面上实现质的飞跃。

首先，教练要针对每个中级水平者的技术特点和存在的问题进行深入分析。不同的球员在技术运用上可能存在不同的短板和误区，教练需要通过观察和评估，准确地找出这些问题。例如，有的球员可能在挥杆路径上不够稳定，有的可能在击球力度和角度的控制上有所欠缺。只有明确了问题，才能有针对性地进行改进。

其次，教练需要制订个性化的教学计划。这个计划应该根据球员的具体问题和技术需求来制订，确保每个球员都能得到最适合自己的训练和指导。以挥杆路径不稳定的问题为例，教练可以设计专门的练习方法，如使用挥杆轨迹练习器或进行定点挥杆练习。通过这些专门的训练，球员可以更加直观地了解自己的挥杆路径，并逐步建立起稳定的挥杆动作。

最后，教练还需要关注中级水平者的技术细节。在高尔夫运动中，细节往往决定着成败。手腕动作、身体转动、脚步稳定性等看似微小的细节，都可能对击球效果产生重大影响。因此，教练需要通过细致的观察和指导，帮助球员纠正不正确的细节动作，使他们的技术更加精确和稳定。

　　为了实现这一目标，教练可以采用高清摄像技术来记录球员的挥杆动作，然后通过慢动作回放和对比分析，找出技术上的不足和需要改进的地方。同时，教练还可以利用现代科技手段，如运动捕捉系统和数据分析软件，对球员的技术细节进行量化评估和优化建议。

2. 多元化练习与实战模拟

　　中级水平的高尔夫球员在技术上已经有了一定的基础，但想要更进一步提升，就需要更加多样化的练习方法和实战模拟场景。这不仅能够帮助他们巩固已有的技术，还能帮助他们在不同的环境和条件下进行技术调整和应用，从而更全面地提升自己的高尔夫球技。

　　为了实现这一目标，教练可以设计一系列具有挑战性和趣味性的练习方法。例如，通过设置不同难度和类型的打位练习，让球员在不同距离、不同角度和不同风速下进行击球，以培养他们在各种情况下的适应能力。此外，多球连续击打练习也是一种非常有效的训练方法，它可以帮助球员提高击球的节奏感和稳定性。

　　除了基础的练习方法外，教练还可以结合球员的兴趣和特点，设计更具创意和趣味性的练习。比如，利用游戏化的方式，设置击球目标或挑战任务，让球员在轻松愉快的氛围中提升技术。这样的练习方法不仅能够激发球员的训练热情，还能培养他们的自信心和竞争意识。

　　另外，实战模拟场景的设置也是提升球员技术水平的重要手段。教练可以模拟比赛中的压力环境，让球员在紧张的氛围下进行击球练习。这样能够帮助球员更好地处理压力，并在关键时刻保持冷静和自信。同时，教练还可以设置复杂的球位和障碍，让球员学会如何在困难条件下进行技术调整和应用。

　　为了更好地进行实战模拟，教练可以利用现代科技手段来辅助训练。例如，使用虚拟现实技术或高尔夫模拟器来创建逼真的球场环境，让球员在仿真的场景中进行练习。这样不仅能够节省实地训练的成本和时间，还能提供更加多样化和灵活的训练选择。

3. 战术意识与策略培养

　　在中级阶段的高尔夫教学中，除了技术的深化和细节的打磨外，培养战术意识和策略思维同样至关重要。一个优秀的高尔夫球员不仅要有扎实的技术基础，还需要具备灵活的战术运用能力和策略规划能力。

首先，教练应该引导中级水平的球员了解不同球场的特点和难点。每个球场都有其独特的布局、障碍设置和草种选择等，这些因素会对球员的击球策略和战术选择产生影响。因此，教练需要带领球员熟悉各种不同类型的球场，并分析其特点和难点所在。通过这样的训练，球员可以更加准确地判断不同球场对击球效果的影响，从而做出更合理的战术安排。

其次，教练要教授球员如何在不同情况下选择合适的战术和策略。高尔夫比赛中，球员需要根据实际情况灵活调整自己的战术和策略，以应对各种复杂局面。例如，在面对长距离击球时，教练可以教授球员如何利用地形、风力和其他外部因素来选择合适的球杆、调整击球角度和力度等，以实现精确击球并控制球的落点。这样的训练可以帮助球员提高在不同场景下的应变能力和决策水平。

最后，教练还可以通过组织战术讨论和分享会等活动来促进球员之间的交流和合作。在这些活动中，球员可以分享自己在比赛中的经验和教训，探讨各种战术和策略的运用效果及改进方法。通过这样的交流和分享，球员可以相互学习、共同进步，并在实践中不断积累经验和提升战术水平。

为了培养球员的战术意识和策略思维，教练还可以利用一些辅助工具进行教学。例如，使用高尔夫模拟软件或战术分析板等工具来帮助球员更加直观地了解不同战术和策略的运用效果。同时，教练还可以结合实战案例进行教学，让球员通过分析成功案例和失败案例来加深对战术和策略的理解。

4. 心理素质与自我调节能力

在高尔夫运动中，除了技术和战术的精湛掌握，心理素质和自我调节能力同样占据举足轻重的地位。这两者在很大程度上决定了一个球员在关键时刻的发挥，甚至能左右一场比赛的胜负。对于中级水平的高尔夫爱好者来说，他们已经在技术和战术上有了一定的积累，此时，如何在心理层面上也达到相应的水平，就显得尤为重要。

心理素质在高尔夫运动中的影响不容忽视。一场高尔夫比赛往往耗时较长，其间球员需要面对各种突发情况和压力。比如，一次不理想的击球可能会让球员产生挫败感，而连续的失误更可能引发焦虑和紧张。在这样的情境下，心理素质的好坏将直接影响球员的后续表现。心理素质过硬的球员，能够在逆境中迅速调整心态，恢复自信，而心理素质较差的球员则可能陷入恶性循环，导致整场比赛的失利。

自我调节能力同样关键。高尔夫运动要求球员在比赛中保持高度的专注力和冷静的判断力。当球员面临压力或不利局面时，如何调节自己的情绪和状态，保持最佳的竞技状态，就显得尤为重要。例如，在关键时刻，一次深呼吸或简单的放松训练，就可能帮助球员找回状态，打出决定性的好球。

为了帮助中级水平者提升心理素质和自我调节能力，教练可以采取多种方法。心理训练是一种有效的手段。通过专门的心理训练，教练可以帮助球员建立积极的心态，增强自信心，提高抗压能力。例如，教练可以设计一些模拟比赛场景的练习，让球员在相对安全的环境中体验比赛压力，并学会如何调整自己的心态和策略。

此外，压力测试也是一个不错的选择。教练可以设置一些具有挑战性的任务，观察球员在压力下的表现和反应。通过这种方式，教练可以了解球员的心理承受能力和自我调节能力，从而为他们提供更加个性化的指导。

模拟比赛同样是一个重要的训练环节。在模拟比赛中，球员需要面对与真实比赛相似的压力和挑战。这不仅能够检验球员的技术和战术水平，还能锻炼他们的心理素质和自我调节能力。在模拟比赛后，教练可以与球员一起回顾比赛过程，分析球员在心理层面的表现，并提出改进建议。

除了上述方法外，教练还可以教授球员一些简单而有效的自我调节技巧。例如，深呼吸和放松训练可以帮助球员在紧张情况下迅速恢复冷静。球员可以在比赛前或比赛中进行这些训练，以保持良好的心理状态。

5. 持续学习与自我提升

在高尔夫运动的道路上，无论是初学者还是中级水平者，持续学习与自我提升都是不可或缺的一部分。对于中级水平的高尔夫爱好者来说，他们已经掌握了一定的技术和战术，但要想在这个竞技激烈的领域中脱颖而出，就必须保持持续学习的态度，不断提升自我。

　　高尔夫运动是一个技术和策略并重的体育项目。随着技术的不断进步和战术的日益丰富，中级水平者需要时刻保持敏锐的洞察力和求知欲。教练在这一过程中扮演着举足轻重的角色，他们不仅需要传授新的技术和战术，更要激发球员的学习热情和探索精神。

　　教练应该鼓励中级水平者保持对高尔夫运动的热爱和兴趣。兴趣是最好的老师，只有对高尔夫充满热情，球员才会全身心地投入到学习和训练中。教练可以通过分享高尔夫的历史、文化和趣事，引导球员深入了解这项运动的魅力，从而增强他们的学习动力。

　　除了兴趣驱动外，教练还应该为中级水平者提供多元化的学习资源和平台。参与各种培训、比赛和交流活动是球员拓宽视野、汲取新知的重要途径。在这些活动中，球员可以接触到来自不同地区、具有不同风格的教练和球员，从他们的经验和故事中汲取灵感和教训。同时，通过与同龄人或高手的切磋和交流，球员可以更加清晰地认识到自己的长处和短处，为未来的学习和训练指明方向。

　　在持续学习的过程中，自我反思和总结是至关重要的环节。中级水平者应该养成定期回顾自己训练和比赛表现的习惯，从中发现问题、分析原因并寻求改进之道。教练可以引导球员进行这一过程，帮助他们建立科学有效的反馈机制。通过不断反思和总结，球员可以更加清晰地认识到自己的学习轨迹和进步情况，从而调整学习策略和方法，实现更高效的自我提升。

　　此外，教练还应该注重培养中级水平者的自主学习能力。自主学习是持续学习和自我提升的基础能力之一。教练可以通过设置开放性问题、提供学习资源和指导性建议等方式激发球员的自主探究欲望和能力。当球员具备了自主学习能力后，他们就可以更加主动地寻求新知、解决问题并不断创新和完善自己的技术和战术体系。

三、高级水平者教学策略

　　高尔夫挥杆的高级水平者已经具备了扎实的技术基础和丰富的实战经验。在这个阶段，教学策略的制订应更加注重技术的精益求精、战术的灵活多变以及心理素质的进一步提升。对于高级水平者而言，教练需要采用更加专业化和个性化的教学方法与手段，以满足他们在技术、战术和心理等多个方面的需求。

1. 技术的精益求精

对于高级水平的高尔夫球员来说，技术的精益求精不仅是提升自我、追求卓越的表现，更是在激烈竞争中脱颖而出的关键。在这一阶段，教练的角色变得尤为重要，他们需要具备深厚的专业知识和敏锐的洞察力，为高级球员提供定制化的教学计划和练习方法。

针对高级水平者在挥杆过程中的细微动作调整，教练需要运用更加精细化的教学手段。例如，借助高清摄像设备捕捉球员的挥杆动作，通过一帧一帧的视频分析，教练可以帮助球员更加直观地观察到自己技术细节上的不足。这种视觉化的反馈方式，能够让球员更加清晰地认识到自己的挥杆动作在哪些环节存在改进的空间。

除了视频分析，教练还可以引入先进的科技设备来辅助教学。挥杆分析器、力量传感器等高科技工具，能够为高级球员提供更加精确和全面的技术数据。通过这些数据，球员可以更加科学地调整自己的挥杆动作，实现技术的进一步优化。

在实现技术的精益求精过程中，教练还需要注重培养球员的自我调整能力。高级球员在长时间的训练和比赛中，会逐渐形成自己独特的挥杆节奏和感觉。教练需要引导他们学会倾听自己的身体，感受每一次挥杆带来的反馈，从而在实践中不断调整和完善自己的技术。

此外，教练还可以通过组织高级球员之间的交流活动，促进他们之间的经验分享和技术探讨。这种互动式的学习方式，不仅能够激发球员的学习热情，还能够帮助他们在相互切磋中共同进步。

2. 战术的灵活多变

在高级阶段的高尔夫学习中，战术的灵活多变成为提升竞争力的核心要素。对于高级水平者来说，单纯的技术优势已不足以确保胜利，更需要结合巧妙的战术来应对各种复杂情况。教练在这一环节的任务，是引导球员根据不同球场条件、对手情况以及自身状态，灵活制订并调整战术。

教练首先要培养高级水平者的战术意识。这包括对各种球杆特性的深入了解，以及对不同击球路线的规划和执行能力。例如，在面临水障碍或沙坑时，应选择合适的球杆和击球方式，以降低风险并提高成功率。教练可以通过案例分析、实战模拟等方式，帮助球员熟悉各种场景下的最优战术选择。

除了基本的战术规划，教练还应教会高级水平者如何应对突发状况。在比赛中，不可预测的情况时有发生，如突然的风向改变、意外的球路偏移等。教练需要引导球员保持冷静，迅速分析形势，并采取合理的应急措施。这种应变能力的培养，不仅有助于球员在比赛中保持稳定的表现，还能提升他们的心理素质和抗压能力。

为了增强高级水平者的战术实战能力，教练可以组织定期的战术讨论会。在这些讨论中，球员可以分享自己在比赛中的经验和教训，共同探讨更加有效的战术策略。同时，观看高水平比赛的录像也是一种有效的学习方式，它能让球员从中汲取灵感，拓宽战术视野。

教练还应鼓励高级水平者积极参与各类比赛，尤其是那些具有挑战性的赛事。通过实战的检验，球员可以更加直观地感受到战术运用的重要性，并在实践中不断调整和完善自己的战术体系。

3.心理素质的进一步提升

在高级阶段的高尔夫竞技中，心理素质的重要性愈发凸显。面对激烈的竞争和巨大的压力，高级球员需要具备更加坚韧和稳定的心理状态。教练在这一环节的任务，是帮助球员建立积极的心态、提升自信，并教会他们如何应对比赛中的心理挑战。

首先，教练需要密切关注高级水平者的心理状态。通过观察他们在训练和比赛中的表现，教练可以及时发现潜在的心理问题，如过度紧张、焦虑或缺乏自信等。针对这些问题，教练可以提供个性化的心理辅导，帮助球员找到适合自己的心理调节方法。

为了提升高级水平者的抗压能力，教练可以引入专门的心理训练。例如，通过冥想和放松训练，球员可以学会在紧张情况下保持冷静和专注。这些心理技能不仅有助于缓解压力，还能提高球员在比赛中的决策能力和执行效率。

除了心理训练，教练还可以与高级水平者分享自己的心理调节经验。这些经验可能包括如何在关键时刻保持冷静、如何调整自己的期望值以避免失望等。通过这些分享，球员可以从教练的亲身经历中汲取智慧，更好地应对比赛中的心理挑战。

在提升心理素质的过程中，教练的鼓励和支持至关重要。当高级水平者在比赛中遇到困难时，教练需要给予他们坚定的信任和积极的反馈。这种正面的激励可以帮助球员重建自信，激发他们在逆境中奋发向前的勇气。

4. 个性化教学计划的制订

对于高级水平的高尔夫球员来说，个性化教学计划的制订显得尤为重要。这是因为高级球员在技术、战术以及心理素质等方面都已经达到了较高的水平，他们需要的不仅仅是基础的技术指导和战术训练，更是针对自身特点和需求的个性化教学计划。

在制订个性化教学计划时，教练需要充分考虑高级水平者的技术特点。每个高级球员都有自己独特的技术风格和击球习惯，教练需要深入了解并尊重这些差异。通过对高级球员的技术动作进行细致的分析，教练可以找出其技术上的优势和劣势，从而制订出相应的训练计划，以进一步强化其技术优势，同时改进技术劣势。

除了技术特点，高级球员的战术风格也是制订个性化教学计划时需要考虑的重要因素。不同的高级球员在比赛中会采取不同的战术策略，有的偏向于攻击性打法，有的则更注重稳定性和控制力。教练需要根据球员的战术风格，为其量身定制合适的训练计划，以帮助他们在比赛中更好地发挥自己的特长。

此外，高级球员的个人喜好和需求也是不容忽视的。有的球员可能更喜欢挑战自己的极限，追求更高的技术水平；而有的球员则可能更注重享受比赛的过程，希望在轻松愉快的氛围中提升自己的高尔夫技能。因此，教练在制订教学计划时，应充分尊重球员的个人意愿和需求，让训练计划更加贴近他们的实际情况和心理预期。

为了制订出真正符合高级球员需求的个性化教学计划，教练还需要与他们保持密切的沟通和交流。通过定期的评估和反馈，教练可以及时了解球员的训练进展和存在的问题，并根据实际情况对教学计划进行调整和优化。这种动态的、互动的教学方式不仅可以提高训练效果，还能增强教练与球员之间的信任和默契。

在实施个性化教学计划的过程中，教练还需要注意训练强度的调整。对于高级球员来说，过大的训练强度可能会导致身体疲劳和受伤的风险增加，而过小的训练强度则可能无法满足他们提升技术的需求。因此，教练需要根据球员的身体状况和训练目标，合理安排训练量和休息时间，以确保训练的科学性和有效性。

最后，制订比赛策略也是个性化教学计划中的重要一环。教练需要与高级球员共同探讨并制订出适合他们的比赛策略，包括击球顺序、目标设定、风险控制等方面。通过模拟比赛场景进行实战演练，教练可以帮助球员更好地适应比赛节奏和压力环境，提高他们在比赛中的表现水平。

5. 持续学习与自我提升

对于高级阶段的高尔夫球员而言，持续学习与自我提升的重要性不言而喻。高级球员要想保持竞争力并不断进步，就必须保持对新知识、新技能和新战术的敏锐洞察力和学习热情。

首先，持续学习是高级球员不断提升自身的关键。高尔夫运动的技术和战术日新月异，新的训练方法和比赛策略层出不穷。为了不被时代淘汰，高级球员需要时刻保持对新技术、新战术的关注和学习。他们可以通过阅读专业的高尔夫书籍、观看教学视频、参加线上或线下的培训课程等方式，不断拓宽自己的知识面和技能范围。同时，与同行交流也是持续学习的重要途径，高级球员可以通过参加高尔夫俱乐部或社交活动，与其他高级球员分享经验、探讨技术，从而相互启发、共同进步。

其次，自我提升不仅仅局限于技术和战术层面。对于高级球员来说，心理素质和比赛策略同样重要。在激烈的比赛中，能否调整心态、保持冷静、做出正确的决策，往往成为胜负的关键。因此，高级球员需要注重心理素质的培养和提升，学会在压力下保持冷静和自信。此外，他们还需要不断磨炼自己的比赛策略，根据对手和比赛情况灵活调整战术，以最大化自己的优势并抓住对手的弱点。

为了实现持续学习与自我提升，高级球员还需要制订明确的学习目标和计划。他们可以根据自己的实际情况和需求，设定短期和长期的学习目标，并制订相应的学习计划。例如，可以设定每周或每月的学习任务，包括学习新技术、练习特定技能、参加培训课程等。通过有计划的学习，高级球员可以更加系统地提升自己的高尔夫球技和综合素质。

再次，积极参与各种比赛也是持续学习与自我提升的重要途径。比赛不仅可以让高级球员检验自己的学习成果，还能帮助他们在实战中发现问题并不断改进。通过参加不同级别和类型的比赛，高级球员可以积累丰富的比赛经验，提高自己的应变能力和心理素质。此外，比赛还能让高级球员接触到更多优秀的同行，从他们身上学到更多的技术和战术知识。

最后，高级球员还应注重自我反思和总结。在每次训练或比赛后，他们都需要花时间回顾自己的表现，分析成功和失败的原因，并制订相应的改进措施。通过不断反思和总结，高级球员可以更加清晰地认识自己的优点和不足，从而有针对性地提升自己的高尔夫球技和综合素质。同时，他们还可以将自己的经验和教训分享给其他球员，为整个高尔夫社区的发展做出贡献。

第九章　高尔夫挥杆技术的实践应用

第一节　不同场地条件下的挥杆调整

一、长草区挥杆调整

高尔夫球场上的长草区，对于许多球员来说，是一个充满挑战的区域。在这片茂密的草地上，球的位置和草况都可能影响挥杆的效果。因此，在长草区进行挥杆调整成了高尔夫球员必须掌握的技能之一。

1. 长草区的特点

长草区，这一高尔夫球场上的特殊地带，常常让球员又爱又恨。它通常位于球场的边缘地带或是作为障碍区存在，草质相较于球场的其他区域更为密集且高大。这种独特的地理环境，给挥杆击球带来了不小的挑战。

首先，球位的不稳定性是长草区的一大特点。由于草质茂密，球在落地后很难找到一个平稳的支撑点，这就会导致球在击打时容易发生偏移，甚至直接影响到击球的力度和方向。这种不确定性对于追求精确击球的高尔夫球员来说，无疑是一个巨大的考验。

其次，长草区的草阻也是不可忽视的问题。当球员的球杆挥动时，茂密的草丛会产生很大的阻力，这不仅会影响到挥杆的速度，还可能改变球杆的运行轨迹，从而影响到击球的准确性。因此，球员在挥杆时需要充分考虑草阻的因素，以便做出相应的调整。

最后，视线不佳也是长草区给球员带来的困扰之一。由于草丛较高，球员在挥杆时很难清晰地看到球的位置和状态，这就会增加击球的难度。为了解决这个问题，球员通常需要花费更多的时间和精力去观察球位，甚至需要蹲下身体或用手拨开草丛以便更好地判断球的情况。

2. 挥杆前的准备

面对长草区的挑战，一个周全的挥杆前准备是至关重要的。这不仅关乎击球的准确性，还直接影响到球员在比赛中的心态和表现。以下是在进入长草区前，球员应该做的几个关键准备步骤：

在进入长草区之前，球员的首要任务是提前观察球位和周围环境。这包括对球的落点、草丛的密度和高度、风向以及可能的障碍物进行全面的评估。通过观察，球员可以对挥杆的难度和风险有一个初步的了解，从而为接下来的击球制订更为合理的策略。

选择合适的球杆是挥杆前准备中的关键一环。在长草区中，由于草质较为密集，球员需要选择具有足够穿透力的球杆来应对这一特殊环境。铁杆或混合杆通常是不错的选择，因为它们具有较硬的杆身和锐利的杆头，可以更有效地穿透草丛，确保球能够获得更好的飞行效果。

除了选择合适的球杆外，调整站位和姿势也是至关重要的。在长草区中，由于草丛的存在，球员需要将站位稍微向后移动一些，以确保在挥杆过程中球杆有足够的空间穿透草层，避免草丛对挥杆造成过多的阻碍。同时，站位的宽度也可以根据草丛的密度进行适当调整，以保持身体的稳定性和平衡感。

在调整好站位后，球员还需要注意自己的姿势。正确的姿势不仅可以帮助球员更好地控制挥杆的力度和方向，还能有效减少因草丛阻碍而造成的失误。具体来说，球员应该保持上半身的直立和稳定，稍微弯曲膝盖以保持稳定性和力量输出。同时，双手应该紧紧握住球杆，以确保在挥杆过程中不会发生滑动或偏移。

此外，球员在挥杆前还需要进行充分的热身和拉伸运动，以提高关节的灵活性和减少受伤的风险。特别是针对肩部、背部和手腕等关键部位的热身运动，可以有效预防因突然发力而造成的拉伤或扭伤。

3. 挥杆过程中的调整

在高尔夫球场上，长草区是一个常见的挑战。当球员的球不慎落入长草区时，如何调整挥杆策略变得至关重要。这要求球员具备灵活的应变能力和对环境的敏锐洞察力。以下是对在长草区挥杆时的一些关键调整技巧的详细探讨：

（1）增加挥杆力度

面对长草区的密集草质，球员首先需要考虑的是如何增加挥杆的力度。由于草的密集和阻力，如果保持常规的挥杆力度，球很可能无法穿透厚厚的草层，从而影响击球的效果和距离。因此，适当地增加挥杆力度是必要的。

然而，增加力度并不意味着盲目地用力挥杆。过大的力度很可能导致球的轨迹偏离预定目标，甚至可能出现球飞得太远或者方向失控的情况。因此，球员在增加力度的同时，必须保持挥杆的稳定性和准确性。这要求球员在训练中不断磨炼自己的技术，找到力度与稳定性之间的最佳平衡点。

此外，球员还可以考虑调整球杆的选择。在长草区中，使用更具有弹性的球杆可能有助于增加击球的威力和穿透力。当然，这也要根据球员自身的技术特点和球场的具体条件来决定。

（2）调整挥杆轨迹

除了增加力度外，调整挥杆轨迹也是在长草区中成功击球的关键。在常规的球场上，球员可能习惯于使用一种相对固定的挥杆轨迹。但在长草区中，这种固定的轨迹可能不再适用。

为了应对长草区的挑战，球员可以尝试采用较低的挥杆轨迹。这种轨迹有助于球更好地穿透草层，减少草的阻力对球的影响，从而获得更远的飞行距离和更准确的落点。当然，这也需要球员在训练中不断尝试和调整，以找到最适合自己的挥杆轨迹。

此外，球员还可以考虑调整击球的角度和方向。在面对长草区时，有时选择一种稍微偏离目标的击球方向可能更有利于球穿透草层并接近目标。这需要球员具备灵活的战术思维和准确的判断能力。

（3）注意球的滚动

在长草区中，球在落地后的滚动也是一个需要特别注意的因素。由于草的阻力和不规则的地形，球在落地后很可能会发生意外滚动，从而影响击球的最终效果。

为了应对这一问题，球员需要在挥杆时就充分考虑到球的滚动情况。具体来说，球员可以调整挥杆的角度和力度，以控制球在落地后的滚动方向和距离。如果预计球在落地后会向左滚动，那么球员可以在挥杆时稍微向右调整击球方向，以抵消球的滚动影响。

同时，球员还需要密切关注球场的具体条件。如果长草区存在斜坡或者不规则的地形，那么球的滚动情况可能会更加复杂。在这种情况下，球员需要更加谨慎地选择击球策略和挥杆方式。

4. 心理调整

面对长草区的挑战，除了技术上的调整外，心理调整也至关重要。高尔夫不仅是一项技术性的运动，更是一项需要良好心理素质的运动。在长草区中，球员往往会面临更大的压力和不确定性。因此，球员保持冷静和自信成为成功的关键。

首先，球员需要相信自己的技术和能力。即使在困难的长草区中，也要坚信自己有能力调整策略并成功击球。这种自信不仅来源于平时的刻苦训练和技术积累，更来源于对自身的深刻认识和信任。

其次，球员需要学会接受失败和挫折。在高尔夫比赛中，即使是最顶尖的选手也难以避免失误和挫折。面对失败时，球员需要保持积极的心态并从中汲取经验和教训，将每一次失败都视为学习和成长的机会而不是终点。

为了实现这些心理调整，球员可以在平时的训练中加入一些心理训练。例如通过冥想、呼吸练习或者心理咨询等方式来提高自己的心理素质和应对压力的能力。

5. 练习与实践

要想在长草区中熟练掌握挥杆调整技巧并提高心理素质，大量的练习和实践是必不可少的。只有通过反复的练习和模拟实战场景，球员才能更好地适应长草区的挑战并找到最适合自己的挥杆方式。

在练习过程中，球员可以模拟不同的长草区场景进行训练。例如在不同的草质、草高和地形条件下进行挥杆练习，以便更好地了解长草区对击球效果的影响并找到相应的应对策略。

同时，尝试不同的挥杆方法和调整策略也是很重要的。通过对比不同方法的效果和稳定性，球员可以找到最适合自己的挥杆方式并在实际比赛中加以应用。

这种个性化的训练方式有助于提高球员在长草区中的应变能力和技术水平。

除了个人练习外，参加各种比赛和活动也是提高技术水平的有效途径。在比赛中，球员可以面对更多真实且复杂的长草区场景，从而更好地检验自己的技术和心理素质。同时与其他球员的交流学习也能带来新的启发和提高。

二、水障碍区挥杆调整

高尔夫球场的水障碍区，无疑是每位球员都希望避免但又必须面对的挑战之一。清澈的水面下隐藏着许多挥杆的难题，如何在水障碍区进行有效的挥杆调整，是每位球员都应当深入研究的课题。

1. 水障碍区的特点

水障碍区，这一高尔夫球场上的特殊地带，常常让球员又爱又恨。这些区域，通常是由湖泊、河流或水塘等自然水体构成的，为球场增添了一份独特的韵味。然而，美丽的水景背后，却隐藏着不小的挑战。水障碍区在球场布局中占据着举足轻重的地位，往往位于球场的中心或关键位置，成为球员攻略球场时无法回避的一环。

当球不慎落入水中，不仅意味着这一次击球的失误，更可能会对球员的整体表现和心态产生不小的打击。想象一下，你站在水边，看着波光粼粼的水面，心中却充满了忐忑与不安。这种压力，对于每一位球员来说，都是严峻的考验。

在水障碍区挥杆，球员需要面对的问题远比其他区域更为复杂。首先，球的位置是一个不可忽视的因素。有时，球可能紧紧地贴在水边，稍有不慎就可能将其打入水中。有时，球又可能位于一个相对安全但难以触及的位置，需要球员精准地控制力度和方向。

除此之外，水面的反射也是一个令人头疼的问题。阳光照射在水面上，形成的反射光可能会干扰球员的视线，使得他们难以准确地判断球的位置和飞行路线。这种视觉上的干扰，往往会导致球员在挥杆时产生偏差，从而增加失误的风险。

最后，风的影响也是不可忽视的。在水障碍区，风的方向和力度往往更加多变，这无疑增加了球员挥杆的难度。他们需要根据风的情况来调整自己的挥杆策略，以确保球安全地飞越水面。

2. 挥杆前的观察与判断

在高尔夫球场上，面对水障碍区这一特殊挑战，挥杆前的观察与判断显得尤为重要。这不仅关乎一杆的成败，更直接影响到整场比赛的策略和最终成绩。因此，球员在进入水障碍区前，必须进行细致入微的观察和精准的判断。

首先，球员要密切观察球的具体位置。这是制订挥杆策略的第一步，也是至关重要的一步。球是靠近水边，还是远离水边；球是在平坦的地面上，还是位于斜坡上。这些细节都将直接影响到挥杆的力度、角度和方向。只有对球的位置了如指掌，球员才能更有针对性地调整自己的挥杆方式。

其次，球员需要评估水障碍区的状况。这包括观察水障碍区的大小、深浅以及是否有波动等因素。如果水障碍区宽阔且深不见底，那么球员在挥杆时就需要更加谨慎，以免球落入水中。而如果水面有微风吹拂产生的涟漪，球员则需要考虑这些波动对球飞行路线的影响。

再次，风的影响也是不可忽视的因素。在高尔夫球场上，风向和风力的大小会直接影响到球的飞行轨迹。因此，球员在挥杆前必须仔细感受风向，并估算风力的大小。这样，他们才能更准确地预判球的飞行路线，从而调整自己的挥杆策略。

在进行了上述观察和判断之后，球员就可以根据这些因素来初步判断挥杆的难度了。这是一个综合考量各种因素的过程，需要球员具备丰富的经验和敏锐的洞察力。通过对比历史数据和自身实力，球员可以对自己在这一水障碍区的表现有一个大致的预期。

最后，选择合适的球杆也是至关重要的一步。不同的球杆在长度、重量、材质和弹性等方面都有所不同，因此会产生不同的击球效果和飞行轨迹。球员需要根据自己的技术特点和球的位置等因素来选择合适的球杆，以确保挥杆的稳定性和准确性。

3. 挥杆过程中的调整

在高尔夫球场上，面对水障碍区的挑战，球员需要在挥杆过程中进行精细的调整，以确保球安全地飞越水面。这些调整包括增加挥杆速度、调整挥杆轨迹以及控制球的旋转，每一项都至关重要。

首先，增加挥杆速度是为了确保球有足够的初速度飞越水面。当球员面对宽阔的水面时，他们必须加大力量，使球以更高的速度飞出，从而避免球在飞行过程中因速度不足而落入水中。然而，增加挥杆速度并不意味着盲目地用力挥杆。球员需要在保持挥杆动作流畅和准确的前提下，通过科学的训练方法，逐步提高自己的挥杆速度。这样，他们才能确保球在高速飞行的同时保持稳定的飞行轨迹。

其次，调整挥杆轨迹是另一个关键步骤。面对水障碍区，球员通常需要采用较低的挥杆轨迹。这样做可以让球以更低的飞行高度穿越水面，减少球受风力和其他外部因素的影响，从而提高球成功飞越水面的概率。同时，球员还需要密切注意挥杆的方向。通过精确的瞄准和调整，他们可以确保球沿着预定的路线飞行，避开潜在的危险区域，安全地到达对岸。

最后，控制球的旋转对于飞行轨迹和落点具有重要影响。在水障碍区挥杆时，球员需要通过调整球杆的角度和击球力度来精确控制球的旋转速度。适当旋转可以帮助球在飞行过程中保持稳定，而过度旋转则可能导致球偏离预定轨迹。因此，球员需要在训练中不断摸索和实践，找到最适合自己的旋转控制方式。这样，他们才能在水障碍区挥出既有力又准确的球，成功应对这一特殊地形的挑战。

4. 心理调整

在高尔夫比赛中，面对水障碍区这一特殊地形，球员的心态显得尤为重要。心理状态的好坏往往能直接影响到挥杆的效果和比赛的胜负。因此，球员必须学会在心理上做出适当的调整，以应对这一挑战。

过于紧张或焦虑是许多球员在水障碍区常常出现的问题。这种负面情绪不仅会影响球员的挥杆节奏和力度，还可能导致技术动作变形，最终造成失误。为了避免这种情况，球员需要学会在水障碍区保持冷静和自信。这要求球员在比赛前做好充分的准备，通过深呼吸、冥想等方式来缓解紧张情绪，让自己保持相对平和的心态。

同时，球员要始终相信自己的技术和能力。这种自信来源于平时的刻苦训练和不断积累的比赛经验。只有当球员对自己的技术有足够的信心时，其才能在比赛中发挥出最佳水平。为了增强自信，球员可以在平时的训练中多进行模拟水障碍区的练习，通过反复实践来提升自己的技术水平，从而在参加实际比赛时更加从容不迫。

除了保持冷静和自信外，球员还需要学会接受失败和挫折。在高尔夫比赛中，失误是难以避免的，尤其是在复杂多变的水障碍区。当球员出现失误时，要学会坦然面对，并从中吸取经验教训。通过将每次失误当作学习的机会，球员可以更快地找出自己的不足之处，进而在后续的训练中加以改进。

心理调整是一个持续不断的过程，需要球员在比赛中不断实践和总结。只有通过不断努力和积累，球员才能在面对水障碍区时保持最佳的心理状态，发挥出自己的真实水平。

5. 实践与应用

要想熟练掌握水障碍区中的挥杆调整技巧，单纯的理论学习是远远不够的。球员必须通过大量的实践来锻炼和提升自己的技术水平。在这个过程中，模拟练习和参加实际比赛是两种非常重要的学习方式。

模拟练习是球员提高技术水平的有效途径。在练习场上，球员可以模拟不同的水障碍区场景进行挥杆练习。通过设置类似的障碍，球员可以在一个相对安全的环境中尝试不同的挥杆方法和调整策略，从而找到最适合自己的挥杆方式。这种有针对性的练习不仅可以帮助球员熟悉水障碍区的特点，还能让他们在实际比赛中更加游刃有余。

除了模拟练习外，参加实际比赛也是提高球员技术水平的重要手段。比赛中的紧张氛围和实时压力能够让球员更加真实地感受到水障碍区带来的挑战。通过与其他球员同场竞技，球员可以直观地了解到自己的优势和不足，并在后续的训练中加以改进。同时，比赛还能为球员提供一个与高手切磋和交流的平台，有助于他们吸收新的经验和技巧，共同提高。

在实践过程中，球员还应注重挥杆动作的规范性和一致性。通过反复练习和不断调整，球员可以逐渐形成一种稳定的挥杆节奏和力度，从而更好地应对水障碍区的挑战。此外，球员还可以尝试使用不同的球杆和击球方式，以便在实际比赛中更加灵活地运用所学技巧。

6. 水障碍区挥杆后的反思与总结

每次在水障碍区挥杆后，球员都应该养成反思和总结的习惯。这是一个非常重要的学习过程，有助于球员更好地理解自己在挥杆过程中的优点和不足，从而制订出更为有效的改进策略。

首先，球员需要回顾自己的挥杆动作和击球效果。这包括分析挥杆的节奏、力度、方向以及球的飞行轨迹等因素。通过仔细观察和感受挥杆过程中的每一个细节，球员可以找出自己在技术上的长处和短处，为后续的训练提供明确的方向。

其次，球员需要思考自己在面对水障碍区时的心理状态。球员是否过于紧张或焦虑？是否对自己的技术有足够的信心？通过反思心理状态，球员可以更好地调整自己的情绪和态度，以更加积极的心态面对未来的比赛。

最后，球员还应该总结自己在比赛中的策略和战术运用。在面对复杂多变的水障碍区时，如何选择合适的球杆、调整站位和姿势、控制挥杆力度和方向等都是需要仔细考虑的问题。通过总结经验和教训，球员可以更加明确自己在未来比赛中应该采取的策略和战术。

反思和总结不仅是一个技术提升的过程，更是一个心理成长的过程。只有通过不断反思和总结，球员才能在面对水障碍区时更加从容和自信，发挥出自己的最佳水平。同时，这种习惯还能帮助球员在高尔夫运动的道路上走得更远、更高。

三、山坡与斜坡挥杆调整

在高尔夫球场中，山坡与斜坡是常见的地形变化，对于球员来说，在这种地形上进行有效的挥杆调整是一项重要的技能。山坡与斜坡挥杆不同于平面场地挥杆，球员需要充分地考虑地形对球的影响，以及如何利用地形来优化挥杆效果。

在高尔夫球场上，山坡是一种常见的地形挑战。球员在面对山坡时，需要根据上坡或下坡的具体情况，进行细致的挥杆调整。下面，我们将详细探讨在不同山坡情况下的挥杆技巧和调整策略。

1. 上坡挥杆调整

当球位于上坡位置时，挥杆的难度会明显增加。由于上坡的地形特点，球员需要确保球具有足够的上升力量，以便越过坡顶并达到预期的目标区域。为了实现这一目标，球员需要进行多方面的调整。

（1）调整站位。站位是挥杆成功的关键之一。在上坡挥杆时，球员应该站在球的稍后方，这样可以提供更多的上升空间，有助于球越过坡顶。同时，为了保持身体的平衡和稳定，双脚应该稍微打开，与肩同宽或略宽。稳定的站位有助于球员更好地控制挥杆力度和方向。

（2）调整球杆。选择合适的球杆也是上坡挥杆的重要一环。由于需要更多的上升力量，球员可以选择较轻的球杆，如铁杆或混合杆。这些球杆相对较轻便，使得球员能够更容易地控制挥杆速度，进而控制球的上升角度。

（3）增加挥杆速度。为了增加球的上升角度，球员需要适当增加挥杆的速度。特别是在下挥杆阶段，加速挥杆可以产生更大的力量，使球获得足够的上升动力。然而，增加挥杆速度并不意味着牺牲准确性。球员仍需要保持挥杆的稳定性和控制力，确保球准确地飞向目标。

（4）注意球与坡面的接触点。在上坡挥杆中，球员还需要特别注意球与坡面的接触点。理想情况下，接触点应该在球的上方，这样挥杆时球才能获得更好的上升角度。为了实现这一点，球员可以在挥杆前仔细观察并判断合适的接触点位置，并在挥杆过程中加以注意和调整。

2. 下坡挥杆调整

与上坡挥杆相比，下坡挥杆同样具有挑战性。在下坡情况下，球员需要确保球稳定地沿着斜坡滚动，并避免球飞得太远而失控。以下是一些下坡挥杆的调整策略：

（1）调整站位。下坡挥杆时，球员应该站在球的稍前方，这样有助于更好地控制球的滚动距离和方向。同时，保持身体平衡也至关重要。球员可以通过调整双脚的位置和宽度来确保稳定性。

（2）调整球杆。为了更好地控制球的滚动和飞行距离，球员可以选择较重的球杆，如长铁杆或短铁杆。这些球杆具有更大的重量和惯性，有助于球员更好地掌控球的速度和方向。

（3）减少挥杆速度。在下坡挥杆中，球员需要适当减少挥杆的速度。由于下坡的助力作用，即使挥杆速度稍慢，球也能获得足够的动力滚动到目标区域。减少挥杆速度可以降低球飞得太远的风险，并提高控制的准确性。

（4）注意球的落点。确保球落在斜坡上而不是越过坡顶是下坡挥杆的关键。球员需要仔细观察目标区域和斜坡的坡度，以便准确判断球的落点位置。通过调整挥杆的力度和方向，球员可以确保球稳定地落在斜坡上，并沿着斜坡滚动到预期的目标。

3. 从左向右的斜坡挥杆调整

除了上下坡之外，球员在高尔夫球场上还经常遇到斜坡地形。当球位于斜坡上时，挥杆的调整策略也会有所不同。

在从左向右的斜坡上挥杆时，球员需要确保球沿着斜坡滚动，并避免球向右偏移。以下是一些应对策略：

（1）调整站位。当面对从左向右的斜坡时，球员在瞄准目标后应将右脚稍微移向后方。这样的站位调整有助于球员更好地控制球的滚动方向，防止球因斜坡的影响而向右偏移。

（2）调整球杆。为了更好地应对斜坡地形的挑战，球员可以选择较重的球杆进行挥杆。长铁杆或短铁杆是不错的选择，它们能够帮助球员更好地控制球的滚动速度和飞行距离，在斜坡地形上表现出色。

（3）加强内侧挥杆。在从左向右的斜坡上挥杆时，球员需要增加内侧挥杆的力度。通过加强内侧挥杆，球员可以更有效地使球沿着斜坡向右滚动，而不是让其偏离目标方向。这需要球员在挥杆过程中注重技巧和力量的运用。

4. 从右向左的斜坡挥杆调整

当球位于从右向左的斜坡时，球员同样需要采取相应的调整策略来确保挥杆的准确性。以下是一些建议：

（1）调整站位。在瞄准目标后，球员应将左脚稍微移向后方。这样的站位调整有助于球员更好地掌控球的滚动方向，防止因斜坡影响而使球向左偏移。通过细微的站位调整，球员可以更有效地应对斜坡带来的挑战。

（2）调整球杆。与从左向右的斜坡相似，球员在从右向左的斜坡上挥杆时也可以选择较重的球杆，如长铁杆或短铁杆。这些球杆有助于球员更好地控制球的滚动和飞行特性，以适应斜坡地形的需求。

（3）加强外侧挥杆。在从右向左的斜坡上挥杆时，球员需要增加外侧挥杆的力度。通过加强外侧挥杆，球员可以有效地使球沿着斜坡向左滚动，确保其按照预期的方向前进。这需要球员在挥杆时注重力量的传递和方向的掌控。

5. 心理调整

在山坡与斜坡挥杆的过程中，球员的心态无疑发挥着至关重要的作用。面对复杂多变的地形，稳定、积极的心态往往能够为球员带来意想不到的优势。因此，球员在挥杆前和挥杆过程中都需要进行细致的心理调整。

首先，面对山坡与斜坡等具有挑战性的地形，球员必须保持冷静。冷静的心态有助于球员更加客观地分析地形特点、风向风速等因素，从而制订出更为合理的挥杆策略。在紧张或焦虑的状态下，球员的判断力容易受到影响，可能会导致挥杆失误。因此，在压力下保持冷静，是球员必备的心理素质之一。

其次，自信是山坡与斜坡挥杆所需的另一大心理要素。球员需要相信自己的技术和能力，相信自己能够成功应对各种复杂地形。这种自信不仅来源于平时的刻苦训练和技能积累，更来源于球员对自身能力的深刻认识和信任。在挥杆过程中，自信能够帮助球员更加果断地做出决策，减少犹豫和迟疑，从而提高挥杆效率和成功率。

最后，过于紧张或焦虑是许多球员在山坡与斜坡挥杆中容易遇到的问题。这种心理状态可能会导致球员动作僵硬、判断失误，甚至完全无法发挥出自己的正常水平。为了克服这一问题，球员需要在平时的训练中注重心理素质的培养。例如，可以通过冥想、呼吸练习等方法来提高自己的心理承受能力和抗压能力。此外，多参加实战比赛，积累更多的比赛经验，也有助于球员在关键时刻保持冷静和自信。

6. 实践与应用

要想真正掌握山坡与斜坡挥杆的调整技巧，仅仅依靠理论学习和模拟练习是远远不够的。实践是检验真理的唯一标准，只有通过大量的实战训练，球员才能真正将这些技巧内化于心，外化于行。

在实践过程中，球员可以模拟不同的山坡和斜坡场景进行练习。例如，在训练场上设置不同角度和坡度的地形，让球员在各种环境下进行挥杆练习。这样不仅可以帮助球员熟悉各种地形的特点，还能让他们在实际操作中不断调整和完善自己的挥杆技巧。

除了模拟练习外，球员还可以尝试不同的挥杆方法和调整策略。每个人的身体条件和技术特点都不尽相同，因此并不存在一种放之四海而皆准的挥杆方式。球员需要根据自身情况，通过反复试验和对比，找到最适合自己的挥杆方式。这不仅能提高球员的挥杆效率，还能在一定程度上降低运动损伤的风险。

此外，参加各种比赛和活动也是提高山坡与斜坡挥杆技巧的重要途径。在比赛中，球员将面临更加复杂和多变的地形环境，这不仅能检验他们的技术水平，还能锻炼他们的心理素质和应变能力。同时，与其他球员的交流学习也能让球员汲取他人的经验和教训，共同提高。

7. 山坡与斜坡挥杆后的反思与总结

每次在山坡与斜坡进行挥杆练习或比赛后，球员都应该养成进行反思和总结的习惯。这不仅有助于球员及时发现并纠正自己在技术、策略或心态上存在的问题，还能为他们未来的训练提供宝贵的经验和指导。

在反思过程中，球员可以首先回顾自己在挥杆过程中的表现。思考自己在面对不同地形时是否做出了合理的判断和调整，挥杆动作是否流畅且准确，以及是否达到了预期的效果。通过这些反思，球员可以更加清晰地认识到自己在技术和策略上的优势和不足。

针对自己在挥杆过程中出现的问题，球员需要进行深入的总结和分析。如果球员在斜坡上挥杆时经常出现失误，那么他们就需要仔细研究斜坡的特点，并思考如何通过调整站位、握杆力度或挥杆轨迹等方式来提高成功率。同时，球员还可以向教练或其他经验丰富的球员请教，以获取更多的建议和指导。

除了技术和策略层面的反思与总结外，球员还需要关注自己在比赛中的心态变化。例如，在面对困难地形时是否保持了冷静和自信，是否在压力下做出了正确的决策等。这些心理因素往往会对球员的挥杆效果产生重要影响，因此也需要进行认真的总结和分析。

总之，高尔夫球场中的山坡与斜坡是常见的地形变化，对于球员来说，在这种地形上进行有效的挥杆调整是一项重要的技能。通过掌握正确的挥杆方法和调整策略，以及进行大量的实践和学习，球员可以逐渐提高自己的技术水平，在山坡与斜坡挥杆中发挥出更好的表现。同时，保持冷静和自信的心态也是成功的关键。只有这样，球员才能在这些具有挑战性的地形中自如地挥杆，享受高尔夫带来的乐趣和挑战。

第二节　应对不同天气状况的挥杆技巧

一、风天挥杆技巧

在风天进行高尔夫挥杆，对球员来说既是一种挑战也是一种考验。风力的存在不仅会影响球的飞行轨迹，还会对球员的挥杆动作产生干扰。因此，掌握风天挥杆的技巧对于高尔夫爱好者来说至关重要。

1. 了解风力对球的影响

在高尔夫球场上，风力是一个不可忽视的因素，特别是在露天球场中，风力的大小和方向会直接影响球的飞行轨迹。因此，在风天挥杆前，深入了解风力对球的影响是至关重要的。

首先，风力会改变球的飞行方向。在无风或微风的情况下，球员可以相对准确地预测和控制球的飞行方向。然而，在风力较强的情况下，球很容易受到风的影响而偏离预定的飞行路线，落入障碍区，如沙坑、水塘或树林，从而给比赛带来不利的影响。

其次，风力还会影响球的速度和飞行距离。顺风时，风力会推动球前进，增加球的飞行速度和距离。这可能会让球员在选杆和力度控制上感到困惑，因为通常情况下，他们可能不需要用太大的力量就能将球打得很远。相反，逆风时，风力会阻碍球的飞行，减少其飞行速度和距离。这时，球员可能需要选择更长一号的球杆，或者增加挥杆的力度，以确保球达到预期的目标区域。

除了顺风和逆风，侧风也是球员需要特别注意的一种风力情况。侧风会使球在飞行过程中产生水平偏移，这要求球员在挥杆时对风向和风力有准确的判断，并做出相应的调整。否则，即使是微小的侧风也可能导致球的落点与预期相差甚远。

因此，在风天挥杆前，球员必须仔细观察风向和估测风力。他们可以通过观察周围树木的摇摆幅度、旗帜的飘动方向以及感受自己身体受到的风力来判断风向和风力的大小。这些信息将有助于球员在挥杆前做出更为准确的决策和调整。

2. 调整站位与球位

在风天进行高尔夫挥杆时，球员需要根据实际的风力情况灵活调整自己的站位与球位。这种调整能够帮助球员更好地控制球的飞行轨迹，从而应对风力带来的挑战。

当遇到顺风情况时，风力会助推球的飞行，这时球员可以适当将球位调整到站位的前方。这样做可以让球在空中的飞行时间更长，从而更充分地利用顺风的优势，增加球的飞行距离。同时，球员的站位也可以略微向前，以保持身体与球的相对位置，确保挥杆的准确性。

相反，在逆风情况下，风力会阻碍球的飞行。为了克服这种阻力，球员可以将球位调整到站位的后方，这样可以让球在空中的飞行时间缩短，减少风力对球的影响。同时，站位也可以适当向后，以增加挥杆的力量和稳定性，帮助球更好地穿透逆风。

对于侧风的情况，调整则更为复杂。球员首先需要判断侧风的方向和强度，然后调整自己的站位，使身体正对目标线。这样做可以确保挥杆方向与目标的连线保持一致，减少侧风造成的偏移。同时，球的位置也需要根据侧风的方向进行调整。如果侧风从左向右吹，球员可以将球位稍微向右移动一些；如果侧风从右向左吹，球员可以将球位稍微向左移动一些。这种微调可以帮助球员在挥杆时预留出一定的偏移量，以抵消侧风的影响。

3. 调整挥杆力度与轨迹

在风力影响的高尔夫球场中，挥杆力度与轨迹的调整显得尤为重要。球员需要根据实际风力情况，灵活地改变自己的挥杆策略，以确保球按照预定的路线飞行。

在顺风情况下，风力会帮助球飞行更远的距离。因此，球员在挥杆时可以适当减轻力度，避免球飞得过远而超出目标区域。这就要求球员对自己的挥杆力度有精准的掌控，能够在不同风力下做出合适的调整。同时，球员还可以利用顺风的优势，通过调整挥杆轨迹来使球产生更高的飞行弹道，从而进一步增加球的飞行距离。

与顺风相反，逆风会阻碍球的飞行。在这种情况下，球员需要增加挥杆力度，以克服风力的阻碍，确保球顺利地飞行到目标区域。这要求球员具备良好的力量和爆发力，能够在需要时迅速增加挥杆的力度。同时，球员还可以通过降低挥杆轨迹来使球产生更低的飞行弹道，从而减少风力对球的影响。

在面对侧风时，球员需要更加精细地调整挥杆力度与轨迹。侧风会使球在飞行过程中产生偏移，因此球员需要通过调整挥杆的力度和方向来抵消这种偏移。具体来说，如果侧风是从左向右吹的，那么球员在挥杆时可以稍微向左偏移一些，同时增加一些挥杆力度，以确保球沿着预定的路线飞行。反之亦然。球员需要具备敏锐的观察力和精准的挥杆技巧，才能够在侧风情况下保持稳定的击球效果。

4. 保持稳定的心态

在高尔夫球场上，风天挥杆是一项极大的挑战。风力不仅会影响球的飞行轨迹，还会对球员的心态构成一定的冲击。因此，保持稳定的心态在风天挥杆时显得尤为重要。

首先，球员必须认识到风力是客观存在的自然力量，是我们无法完全掌控的。风的方向、速度和强度都会不断变化，这就会对球的飞行轨迹产生显著影响。在风天中，即使是世界上最顶尖的高尔夫球员也难以保证每次挥杆都能达到预期的效果。因此，球员需要学会接受并适应风力的存在，而不是试图完全消除其对球的影响。

在面对风力干扰时，球员应保持冷静和自信，不要因为一次不理想的挥杆就失去信心或产生焦虑情绪。要知道，每一次挥杆都是一个独立的事件，前一次的失误并不会影响到下一次的挥杆。球员需要相信自己的技术和能力，专注于每一次挥杆的动作和过程，而不是过分关注结果。只有这样，球员才能更好地应对风力的挑战，发挥出自己的最佳水平。

为了保持心态的稳定，球员还可以在挥杆前进行深呼吸等放松练习，以缓解紧张情绪。同时，与球童或教练进行交流也是一个不错的方法，他们可以给予球员必要的支持和鼓励，帮助球员更好地应对风天的挑战。

5. 注重身体协调与平衡

在风天挥杆时，除了技术层面的调整外，球员还需要特别注重身体的协调与平衡。由于风力的影响，球员在挥杆过程中很容易产生一些不稳定的动作或姿势，这不仅会影响挥杆的效果，还可能导致身体受伤。

为了保持身体的平衡和稳定，球员需要在挥杆前做好充分的准备姿势。双脚要站稳，与肩同宽或略宽，以保持身体的稳定性。同时，膝盖要微微弯曲，以吸收挥杆时的冲击力。在挥杆过程中，球员需要时刻保持身体的重心稳定，避免因风力的干扰而失去平衡。

此外，身体的协调性也是风天挥杆中不可忽视的一环。球员需要注重身体各部位之间的协调配合，确保挥杆动作的流畅和连贯。例如，在挥杆过程中，腿部的力量需要有效地传递到腰部和手臂上，形成一个完整的挥杆动作链。这需要球员在平时的练习中多加注意和体会。

为了提高身体的协调性和平衡感，球员可以进行一些专门的训练。例如，单腿站立练习、平衡板训练以及瑜伽中的平衡动作等都可以帮助球员提升这两方面的能力。这些训练不仅有助于球员在风天中保持稳定的挥杆表现，还能预防运动损伤的发生。

6. 反复练习与总结

在风天挥杆中，要想真正掌握技巧并取得好成绩，反复的练习和不断的总结是必不可少的环节。只有通过大量的实践，球员才能逐渐熟悉和掌握风天挥杆的技巧和方法。

在练习过程中，球员需要有针对性地进行训练。可以选择在有风的天气条件下进行挥杆练习，以便更好地适应风力的影响。同时，还可以借助一些辅助工具来模拟风力的干扰，提高练习的效率和效果。在练习时，球员要注重动作的规范性和准确性，确保每一次挥杆都能达到预期的效果。

除了练习之外，及时的总结也是提高风天挥杆技巧的关键。球员需要在每次练习或比赛后对自己的表现进行反思和评估。要找出自己在挥杆过程中存在的问题和不足，并针对这些问题制订相应的改进计划。同时，也要总结自己在应对风力干扰方面的经验和教训，以便在未来的比赛中更好地应对类似的挑战。

通过反复的练习和不断的总结，球员可以逐渐提高自己的风天挥杆技巧和能力。这不仅有助于球员在比赛中取得更好的成绩，还能提升他们的自信心和比赛经验。在这个过程中，球员需要保持耐心和毅力，不断挑战自己并追求卓越的表现。只有这样，他们才能在风天挥杆中展现出真正的实力和风采。

二、雨天挥杆技巧

雨天的高尔夫球场为球员带来了特殊的挑战。湿滑的草地、能见度的降低以及雨水滴落在球杆和球上的影响，都需要球员对挥杆技巧做出相应的调整。在这样的环境下，掌握一些关键的挥杆技巧将有助于提高成绩和保持信心。

1. 适应湿滑的草地

在雨天的高尔夫球场，草皮因为雨水的浸润而变得湿滑，这不仅改变了球场的物理特性，也给球员击球带来了新的挑战。当球与湿滑的草地接触时，其弹跳力、滚动速度和方向都可能发生变化，进而影响球员的击球效果和成绩。因此，球员需要具备在湿滑草地上击球的技术和策略。

首先，为了适应湿滑的草地，球员需要调整站位和姿势。由于湿滑的环境可能导致身体不稳，球员可以稍微加宽双脚之间的距离，使重心更加稳定。这样的站位调整不仅有助于保持身体平衡，还能在一定程度上减少因为地面湿滑而导致的失误。同时，球员的膝盖可以微微弯曲，以准备随时调整身体姿势，应对地面的湿滑。

除了调整站位和姿势外，球员还可以通过选择合适的装备来应对湿滑的草地。例如，选择有防滑设计的球鞋，能够增加鞋底与湿滑草地的摩擦力，从而减少滑倒的风险。在选择球鞋时，球员可以考虑鞋底的纹理和材料，选择那些能够提供良好抓地力的鞋款。此外，球员还可以使用防滑粉或防滑喷雾等产品，进一步增加手与球杆之间的摩擦力，确保在击球过程中球杆不会脱手。

在雨天的比赛中，球员还需要密切关注球场的状况。由于雨水的冲刷，球场上可能会出现积水或小水坑。在击球前，球员需要仔细观察球位周围的地形，避免在击球过程中将球打入水中。如果球位附近确实有水坑，球员可以考虑选择短铁杆或挖角杆等更适合在湿滑草地上使用的球杆，以减少失误的可能性。

2.保持清晰的视线

在雨天进行高尔夫比赛时,保持清晰的视线是至关重要的。由于雨水的存在,能见度通常会大幅度降低,这给球员的视线和判断带来了不小的挑战。为了克服这一难题,球员需要采取一系列措施来确保自己在击球过程中拥有清晰的视野。

首先,球员可以选择佩戴专业的防雨眼镜或雨帽。这些装备不仅能够有效防止雨水直接滴入眼睛,影响视线,还能在一定程度上减少雨水对脸部和头部的干扰。特别是防雨眼镜,其特殊的设计和材料能够确保球员在雨中清晰地看到球场和球的位置,从而提高击球的准确性。

除了专业的装备外,球员还可以利用球场上的标记和参照物来帮助定位目标。在雨天中,由于能见度低,远处的目标可能变得模糊不清。此时,球员可以寻找近处的明显标记,如树木、沙坑或旗杆等,作为临时的参照点。通过这些参照物,球员可以更加准确地判断球的位置和距离,进而调整自己的击球策略,从而提高击球的准确性。

此外,球员在雨天中还需要特别注意保护自己的眼睛。由于雨水可能会携带泥沙等杂质,长时间暴露在雨中可能会对眼睛造成刺激或感染。因此,在比赛间隙或休息时间,球员应该及时擦拭眼镜或脸部的雨水,并适当使用眼药水来缓解眼部疲劳和干涩。

3.控制挥杆速度

在湿滑的草地上挥杆时,球员对挥杆速度的控制显得尤为重要。由于地面的湿滑特性,过快的挥杆速度很可能导致球杆失控,进而影响击球的准确性和稳定性。因此,球员需要谨慎地调整自己的挥杆速度,以适应这种特殊的场地条件。

首先,球员要明白在湿滑草地上挥杆的基本原则是"稳"而非"快"。这意味着球员在挥杆过程中应该更注重稳定性和准确性,而不是追求过高的球速。为了实现这一目标,球员可以适当减慢挥杆速度,给自己更多的时间和空间来调整击球的角度和力度。

其次,球员在挥杆过程中要保持平稳和流畅的挥杆轨迹。在湿滑的草地上,任何突然的改变或多余的动作都可能导致球杆偏离预定的轨迹。因此,球员需要在挥杆前做好充分的准备工作,确保自己的身体和球杆都处于最佳状态。在挥杆过程中，球员要时刻保持警惕，及时调整自己的动作和力度，以确保球杆稳定地击中球心。

最后，球员还可以通过增加练习来提高自己在湿滑草地上的挥杆技巧。在练习过程中，球员可以模拟不同的雨天场景，尝试在湿滑程度不同的草地上进行挥杆练习。通过这种方式，球员可以更好地了解湿滑草地对挥杆的影响，并逐渐掌握在这种特殊场地条件下挥杆的技巧和策略。

4. 调整击球力度

在雨天进行高尔夫比赛或练习时，球员面临着与晴天完全不同的挑战。雨天的球场条件，特别是湿滑的草地和降低的能见度，会显著影响球的飞行轨迹和球员的击球效果。因此，球员需要根据这些特殊条件灵活调整自己的击球力度，以达到最佳击球效果。

首先，雨天的草地湿滑，这可能会导致球的滚动距离增加。在这种情况下，如果球员仍然使用晴天的击球力度，球可能会在落地后继续滚动更远的距离，从而偏离预定的落点。为了减少这种影响，球员可以适当增加击球力度，使球在空中飞行更远的距离，减少在草地上的滚动。然而，这种调整需要谨慎进行，因为过大的击球力度可能导致球飞得过远，同样无法达到理想的效果。

其次，降低的能见度也是雨天高尔夫比赛中需要考虑的一个重要因素。在能见度较低的情况下，球员可能更难以判断球的距离和落点。因此，球员需要通过感觉和经验来调整击球力度，以确保球准确地落在目标区域。这需要球员多加练习，以提高自己在不同条件下的击球准确性和判断力。

除了调整击球力度外，球员还需要注意控制球的飞行方向。在雨天，风向和风速可能会发生变化，这会对球的飞行轨迹产生影响。因此，球员需要在挥杆前仔细观察风向，并据此调整自己的击球方向和力度。同时，球员还可以通过改变球杆的角度和挥杆的路径来控制球的飞行方向，以适应不同的风力和球场条件。

5. 保持冷静的心态

高尔夫运动不仅是一项技术活动，更是一项对心态要求极高的运动。在雨天挥杆时，这一点显得尤为重要。雨天的恶劣条件可能给球员带来额外的压力和困扰，但保持冷静的心态是克服这些困难的关键。

首先，球员需要相信自己的技术和能力。在雨中挥杆确实会增加难度，但球员应该对自己有信心，相信自己经过长时间的训练和积累能够在这种条件下发挥出应有的水平。自信是稳定挥杆、克服困难的基础。

其次，球员应该专注于每一次挥杆的动作和过程，而不是过于关注结果。在雨中，由于球场条件的变化，即使是最顶尖的球员也难以保证每次挥杆都能得到理想的结果。因此，球员需要将注意力集中在挥杆的技术动作上，确保每一次挥杆都做到最好，从而增加成功的机会。

最后，球员还需要学会应对突发情况。在雨天中，球位可能会发生偏移，球杆可能会因为湿滑而脱手，面对这些突发状况，球员需要保持冷静，迅速调整策略，以最大限度地减少失误带来的影响。例如，当球位发生偏移时，球员可以调整站位和挥杆轨迹来适应新的球位；当球杆滑脱时，球员可以迅速捡起球杆并重新站稳后进行挥杆。

6. 注意球杆的保养

在高尔夫运动中，球杆是球员最重要的装备之一。特别是在雨天挥杆后，球杆的保养和维护显得尤为重要。雨水可能会对球杆造成损害，因此球员需要采取一系列措施来保护自己的球杆。

首先，球员应该在挥杆后及时清理球杆上的水分。雨水中的杂质可能会对球杆的材质造成腐蚀或损害，因此球员在挥杆后应立即用干净的毛巾将球杆上的水分擦干，特别是杆头和杆身连接处等容易积水的部位，需要仔细检查并确保干燥。

其次，为了进一步保护球杆，球员可以在球杆表面涂抹一层防锈剂或润滑剂。这些产品可以有效地防止球杆生锈或受到其他化学物质的侵蚀，从而延长球杆的使用寿命。在选择防锈剂或润滑剂时，球员应该根据自己的球杆材质和使用环境来选择合适的产品，并按照说明书进行正确使用。

除了日常的清理和保护外，球员还需要定期检查和更换球杆的握把和杆头。握把是球员与球杆直接接触的部分，长时间使用可能会导致磨损或变形。因此，球员需要定期检查握把的状态，一旦发现磨损或损坏应及时更换。同时，杆头也是球杆的重要组成部分，长时间使用可能会导致杆头磨损或变形。为了确保击球效果和安全性，球员需要定期检查杆头的状态，并在必要时进行更换。

7. 实战经验的积累

要想在雨天挥杆中掌握技巧并取得好成绩，球员需要不断积累实战经验。通过多次在雨天进行练习和比赛，球员可以逐渐熟悉和适应雨天的球场条件，提高自己的挥杆稳定性和准确性。同时，球员还可以向其他经验丰富的球员请教和学习，借鉴他们的成功经验和技巧，以更快地提升自己的雨天挥杆水平。

雨天挥杆对于高尔夫爱好者来说是一种特殊的挑战。通过适应湿滑的草地、保持清晰的视线、控制挥杆速度、调整击球力度、保持冷静的心态、注意球杆的保养以及积累实战经验，球员可以逐渐提高自己的雨天挥杆技巧和能力。只有不断地实践和探索，球员才能在雨天的高尔夫球场上展现出最佳的水平，享受高尔夫运动带来的乐趣和挑战。

三、晴天挥杆策略

高尔夫球场上的天气条件对球员的挥杆策略有着显著的影响。晴天与阴天，尽管都是常见的天气状况，但它们在光照、温度、湿度和风速等方面存在差异，因此要求球员在挥杆时采取不同的策略。

晴天时，阳光充足，能见度高，球场草皮通常较为干燥。这些条件为球员提供了清晰的视线和稳定的球场环境，但同时也可能带来一些挑战。

1. 充分利用阳光

在晴天的高尔夫球场上，阳光无疑成为球员最好的朋友。当万里无云、阳光明媚时，高尔夫球场仿佛被金色的光辉所笼罩，为球员提供了一个绝佳的竞技环境。然而，要想在晴天下挥出完美的一杆，球员必须学会如何充分利用这宝贵的阳光。

首先，阳光对于提高球员的能见度至关重要。在明亮的阳光下，球员可以清晰地看到球场的每一个角落，包括球洞、沙坑、水障碍等关键区域。这使得球员能够更准确地判断球的位置和飞行轨迹，从而做出更为精准的击球决策。因此，在选择站位时，球员应尽量确保自己处于阳光照射的一侧，以便获得最佳的视野和判断条件。

其次，阳光还有助于球员观察并感知球场的细微变化。比如，草皮的色泽、湿度以及风向等都会在阳光下显露无遗。这些信息对于球员来说至关重要，因为它们直接影响到球的弹跳力、滚动速度和飞行方向。通过仔细观察和感知这些信息，球员可以更加精确地调整自己的挥杆策略和击球方式。

最后，在晴天挥杆时，球员还可以利用阳光来检查自己的装备和姿势。例如，在阳光下观察球杆的弯曲程度和击球面的状态，可以及时发现并解决潜在的问题。同时，通过阳光照射下的影子，球员还可以检查自己的站位和姿势是否正确，从而确保每一次挥杆都发挥出最佳的效果。

2. 控制挥杆力度

在高尔夫球运动中，挥杆力度的控制是至关重要的一环。尤其在晴天，草皮条件通常较为干燥，这会对球的滚动距离产生影响。因此，球员需要根据实际情况，适当控制挥杆力度，以确保球准确落在预定的目标区域内。

首先，球员需要对自己的力量有清晰的认知。通过反复练习和体验，球员可以逐渐掌握自己在不同条件下的挥杆力度。在晴天干燥的草皮上，由于摩擦力减小，球的滚动距离可能会增加。因此，球员在挥杆时应适当减小力度，避免球因过度用力而飞出目标区域。

其次，球员还需要学会根据目标区域的距离和地形来调整挥杆力度。如果目标区域较远或有上坡等不利条件，球员可能需要增加挥杆力度以确保球到达预定位置。相反，如果目标区域较近或有下坡等有利条件，球员则应适当减小挥杆力度，防止球滚出目标区域。

除了力度的控制外，球员还需要注意挥杆的节奏和动作流畅性。稳定而流畅的挥杆动作有助于球员更好地控制球的飞行轨迹和落点。通过反复练习和体会，球员可以逐渐找到适合自己的挥杆节奏和力度控制方法。

3. 注意防晒和保湿

在晴朗的高尔夫球场上，阳光普照，这虽然为球员提供了良好的比赛环境，但同时也带来了一些潜在的挑战，特别是防晒和保湿问题。在阳光强烈的环境下打球，球员需要采取一系列措施来保护自己的皮肤免受伤害。

首先，防晒是必不可少的一步。长时间暴露在强烈的阳光下，皮肤很容易受到伤害，甚至可能引发皮肤炎症。因此，球员在打球前必须涂抹防晒霜，并确保其具有足够的防晒系数来抵御紫外线的伤害。同时，选择一款适合自己的防晒霜也非常重要，因为不同的皮肤类型和活动水平可能需要不同类型的防晒保护。

除了防晒，保湿也是晴天挥杆时需要注意的一个方面。在阳光和干燥的空气双重作用下，皮肤很容易失去水分，变得干燥和紧绷。为了保持皮肤的水分和弹性，球员需要在挥杆前涂抹保湿霜，并在比赛过程中定期补湿。这不仅可以改善皮肤的外观和触感，还有助于提高球员在比赛中的舒适度。

此外，球员还可以通过其他方式来进一步增强防晒和保湿效果。例如，佩戴宽边帽子可以有效地遮挡阳光，减少紫外线对脸部的直接照射。同时，选择合适的运动服装也可以帮助球员保持身体的水分平衡，并减少皮肤与阳光的直接接触。

四、阴天挥杆策略

相比之下，阴天时天空云层较厚，光线暗淡，能见度较低。这种天气条件可能会给球员带来一些视觉上的困扰，但同时也为球场创造了一种特殊的氛围。

1.适应低能见度

在阴天挥杆时，高尔夫球员面临的首要挑战就是低能见度。阴云密布的天空使得光线变得暗淡，这不仅影响了球员对球场的整体感知，还可能对球员判断球的飞行轨迹和落点造成困扰。因此，适应低能见度成了阴天打球的关键。

为了适应这种环境，球员首先需要调整自己的站位和姿势。在阴天中，由于视线受限，球员的站位应该更加稳定，以确保击球的准确性。他们可以通过加宽站立时的双脚间距来增强身体的稳定性。同时，保持上半身的平衡也很重要，这有助于球员更好地感知球的位置和飞行轨迹。

除了调整站位和姿势，球员还可以利用球场上的标记和参照物来帮助定位目标。在阴天中，远处的目标可能变得模糊不清，这时球员可以寻找附近的明显标记，如树木、沙坑边缘或特定的地标，作为击球时的参照点。通过这些参照物，球员可以更加准确地判断球的方向和距离，从而提高击球的准确性。

此外，球员还可以通过增加练习来提高自己在低能见度环境下的挥杆技巧。在练习过程中，球员可以模拟阴天的光线条件，尝试在能见度不同的环境下进行挥杆练习。这样，当球员在实际比赛中遇到类似的环境时，他们将更加自信和从容地应对。

2. 注意温度变化

在阴天打高尔夫球时，温度的变化对球员的影响不可忽视。由于阴天时温度通常较低，这可能会对球员的身体状态和挥杆效果产生显著影响。因此，球员需要密切关注温度变化，并采取相应的措施来应对。

首先，球员需要根据温度的变化来调整自己的服装。在温度较低的情况下，球员应该选择保暖性能好的衣物，以保持身体的温暖。同时，手套、帽子等配件也是必不可少的，它们可以帮助球员在寒冷的天气中保持手部和头部的温暖，从而提高挥杆的稳定性和准确性。

除了调整服装外，球员还需要进行适当的热身活动。在阴冷的天气中，身体的肌肉和关节容易变得僵硬，这可能会影响到挥杆的效果。因此，进行充分的热身活动可以帮助球员放松肌肉，增加关节的灵活性，从而提高挥杆的质量。

此外，球员还需要注意控制呼吸和节奏。在寒冷的天气中，由于身体对氧气的需求量增加，球员可能会感到呼吸急促。因此，学会控制呼吸和节奏至关重要。球员可以通过深呼吸来放松身体，稳定情绪，从而更好地应对阴冷天气带来的挑战。

3. 调整挥杆速度

在阴天的高尔夫球场，暗淡的光线和降低的能见度可能会对球员的挥杆速度产生影响。为了适应这种环境，球员可能需要适当减慢挥杆速度，以确保击球的稳定性和准确性。

首先，较慢的挥杆速度可以帮助球员更好地感知和判断球的位置。在阴天中，由于视线受限，球员难以清晰地看到球的具体位置。通过减慢挥杆速度，球员可以有更多的时间来观察和判断球的位置，从而更准确地击中目标。

其次，较慢的挥杆速度还可以提高击球的准确性。在阴天中，由于光线暗淡，球员难以准确判断球的飞行轨迹。如果挥杆速度过快，很容易导致球偏离目标。因此，通过减慢挥杆速度，球员可以更好地控制球的飞行轨迹，提高击球的准确性。

再次，这并不意味着球员应该过分减慢挥杆速度。过慢的挥杆速度可能会导致力量不足，影响球的飞行距离。因此，球员需要在实践中不断摸索，找到适合自己的挥杆速度。

最后，球员还可以通过增加练习来提高自己在阴天环境下的挥杆技巧。在练习过程中，球员可以模拟阴天的光线条件，尝试在能见度不同的环境下进行挥杆练习。通过这种方式，球员可以更好地适应阴天的环境，提高自己的挥杆水平。

4. 保持专注和耐心

在阴天挥杆时，保持专注和耐心对于高尔夫球员来说至关重要。由于光线暗淡和能见度降低，球员可能会遇到更多的挑战和困难。然而，只有保持专注和耐心，球员才能更好地应对这些挑战，发挥出自己的最佳水平。

首先，专注力是高尔夫运动中不可或缺的品质。在阴天中，由于视线受限，球员需要更加集中注意力来感知和判断球的位置、飞行轨迹以及风速等因素。通过保持高度的专注力，球员可以更加准确地掌握这些信息，从而做出正确的决策和挥杆动作。

其次，耐心也是阴天挥杆时必备的品质。由于天气条件不佳，球员可能需要花费更多的时间和精力来寻找球的落点、调整站位和姿势等。在这个过程中，如果没有足够的耐心，球员很容易变得急躁和焦虑，进而影响到挥杆的效果。因此，保持耐心可以帮助球员更好地应对各种挑战，保持冷静和自信。

为了保持专注和耐心，球员可以采取一些具体的措施。例如，在挥杆前进行深呼吸和冥想练习，以帮助自己平静下来并集中注意力。同时，球员还可以制订合适的比赛策略和目标，以避免因为急于求成而导致的失误。

第三节　高尔夫挥杆技术在比赛中的运用

一、比赛策略与挥杆选择

1. 比赛策略选择

（1）了解赛场与球洞特点。在比赛前，球员需要充分了解赛场的布局、草皮状况、风向以及各个球洞的特点。这些信息有助于球员制订针对性的比赛策略，比如选择适当的球杆、调整站位和姿势等。

（2）设定目标与优先级。在比赛中，球员需要根据自己的实力和对手的情况设定合理的目标。这些目标可以是获得某个球洞的"小鸟"或"老鹰"，或者是保持稳定的击球表现。设定明确的目标可以帮助球员保持专注，避免在比赛中迷失方向。

（3）灵活调整策略。比赛中的情况千变万化，球员需要根据实际情况灵活调整策略。比如，当遇到强劲的对手时，球员可以选择采取保守策略，避免失误；当自己处于领先位置时，则可以采取更加积极的策略，争取扩大优势。

2. 挥杆选择

（1）长距离挥杆。在长距离击球时，球员需要选择适当的球杆，并确保站位、姿势和力量的协调。长距离挥杆的关键是保持身体的平衡和稳定，同时控制好球杆的角度和力度，使球能够准确地飞向目标区域。

（2）短距离挥杆。在短距离击球时，球员需要更加精细地控制球杆和击球力度。短距离挥杆通常要求更高的精度和稳定性，因此球员需要更加注重细节，比如调整站位、控制呼吸等。

（3）顺风与逆风挥杆。风向是影响高尔夫挥杆的重要因素之一。在顺风挥杆时，球员可以适当减小力度，利用风的力量帮助球飞得更远；而在逆风挥杆时，则需要增加力度，以克服风的阻力。

（4）上坡与下坡挥杆。地形变化也会对挥杆产生影响。在上坡击球时，球员需要适当增加力度，并调整球杆的角度，以确保球越过障碍并落在目标区域；而在下坡击球时，则可以适当减小力度，利用地形优势使球更容易接近目标。

3. 心理素质与策略执行

在高尔夫挥杆比赛中，心理素质对于策略的执行和挥杆的选择至关重要。球员需要保持冷静、自信和专注，不受外界干扰和压力的影响。同时，他们还需要学会调整自己的情绪和心态，以应对比赛中的挑战和变化。

高尔夫挥杆比赛中的策略选择与挥杆方式对于球员的表现至关重要。通过了解赛场特点、设定明确目标、灵活调整策略以及选择合适的挥杆方式，球员可以在比赛中取得更好的成绩。同时，良好的心理素质也是执行策略和选择挥杆的关键。只有在综合考虑这些因素的基础上，球员才能在高尔夫挥杆比赛中发挥出最佳水平。

二、应对压力与调整心态

在高尔夫比赛中，面对压力并调整心态是每个球员必须面对的挑战。挥杆技术固然重要，但在关键时刻，往往是心态决定了成败。

1. 认识压力与心态的关系

在高尔夫比赛中，压力往往来源于多个方面，如比赛的重要性、对手的实力、自身的期望等。这些压力不仅会影响球员的心理状态，还会进一步影响他们的挥杆表现。因此，球员首先需要认识到压力与心态之间的密切关系，并学会如何区分正常的比赛紧张感与过度的压力。

2. 应对压力的策略

（1）呼吸与放松技巧。在面对压力时，球员可以通过深呼吸和肌肉放松来缓解紧张情绪。深呼吸有助于稳定心率和放松神经系统，而肌肉放松则可以帮助球员减少不必要的身体紧张，使挥杆更加流畅。

（2）积极的心理暗示。积极的心理暗示是应对压力的有效方法。球员可以通过对自己说鼓励的话、想象成功的场景或回顾过去的辉煌时刻来提升自己的信心和动力。

（3）专注于当下。将注意力集中在当前的挥杆动作和比赛情境上，而不是过度担忧未来的结果或过去的失误。这样可以帮助球员保持清醒的头脑和稳定的情绪。

3. 调整心态的技巧

（1）接受挑战。球员需要学会将比赛视为展示自己技能的机会，而不是沉重的负担。接受挑战并享受比赛的过程，有助于球员释放压力并保持良好的心态。

（2）保持自信。自信是高尔夫球员在比赛中取得成功的关键因素之一。球员应该相信自己的技术和能力，相信自己能够应对各种挑战和压力。

（3）设定合理的目标。设定合理的比赛目标可以帮助球员保持积极的心态和稳定的情绪。这些目标应该是具体、可衡量和可实现的，以确保球员在追求目标的过程中保持动力。

（4）从失败中学习。在比赛中遇到挫折或失误时，球员需要保持冷静和理智。将失败视为学习和成长的机会，从中吸取教训并调整自己的策略和心态。

4. 实践与应用

要在高尔夫比赛中成功应对压力并调整心态，球员需要在日常训练中加强相关技巧和策略的实践。通过模拟比赛情境、增加压力训练以及与其他球员交流经验，球员可以逐渐提高自己的心理素质和应对能力。

此外，球员还可以寻求专业教练或心理辅导师的帮助，以获取更具体和个性化的建议和指导。这些专业人士可以帮助球员识别自己的压力源和心态问题，并提供有效的解决方案。

三、实时调整挥杆策略与技巧

在高尔夫运动中，挥杆动作的流畅与准确是取得良好击球效果的关键。然而，在实际比赛中，球员常常需要根据球场环境、球位、风向等实时因素来调整自己的挥杆策略与技巧。

1. 观察与分析

实时调整挥杆策略与技巧的首要步骤是观察与分析。球员需要仔细观察球场环境，包括地形、草皮、球位等，并分析可能影响挥杆的各种因素，如风向、风速、球道宽度等。此外，球员还需要评估自己的身体状况和情绪状态，以判断当前是否适合采取特定的挥杆策略。

2. 挥杆策略的调整

（1）球位调整。根据不同的球场环境和球位，球员需要调整球的位置，以便更好地控制球的飞行轨迹和落点。例如，在果岭边缘或长草区，球员可能需要将球置于站位的前方，以减少打薄的风险。

（2）站位调整。站位是挥杆过程中非常重要的一环，球员需要根据球场环境和球位来调整自己的站位。例如，面对下坡球道时，球员可能需要将站位稍微向后移动，以适应下坡带来的球位变化。

（3）身体姿势调整。在高尔夫球技术中，身体姿势的调整是至关重要的一环，它直接影响到挥杆的轨迹、力量的传递以及最终的击球效果。球员需要根据风向、球位等因素调整自己的身体姿势，以确保挥杆的稳定性和准确性。

3. 挥杆技巧的调整

（1）握杆方式调整。握杆方式是影响挥杆稳定性的重要因素之一。面对不同的球场环境和球位，球员可能需要调整自己的握杆方式，以更好地控制球的飞行轨迹和旋转。

（2）杆面控制。杆面控制对击球效果有着重要影响。球员需要根据风向、球位等因素调整自己的杆面控制，以确保球的飞行方向和落点符合预期。

（3）挥杆速度与力度调整。挥杆速度和力度是影响球飞行距离和落点的重要因素。球员需要根据球场环境和球位来调整自己的挥杆速度和力度，以确保球准确地落在目标区域。

4. 实践与应用

要在高尔夫比赛中成功地实时调整挥杆策略与技巧，球员需要在日常训练中加强相关策略和技巧的实践。通过模拟各种球场环境和球位情境，球员可以逐渐提高自己的观察与分析能力，并熟练掌握各种挥杆策略和技巧的调整方法。

此外，球员还可以寻求专业教练或心理辅导师的帮助，以获取更具体和个性化的建议和指导。这些专业人士可以帮助球员识别自己在挥杆过程中的问题和不足，并提供有效的解决方案和改进建议。

四、提升高尔夫挥杆技术的长期规划

在高尔夫运动中，提升挥杆技术是一个持续不断的过程，需要球员有明确的长期规划并坚持训练。以下是一个针对高尔夫挥杆技术提升的长期规划，可以帮助球员在技术、体能和心理三个方面达到更高的水平。

1. 技术提升规划

（1）基础动作巩固。在挥杆技术的提升过程中，基础动作的巩固是至关重要的。球员应定期回顾并纠正自己的基础动作，如站姿、握杆、起杆、下杆、随挥等，确保每一个细节都符合标准。

（2）技术难点攻克。针对自己在挥杆过程中的技术难点，如切球、推杆等，进行专项训练。可以设置不同的练习场景，模拟实际比赛中的各种情况，提高自己的应变能力。

（3）多元化训练。除了常规的训练方法，还可以尝试一些新的、多元化的训练方式，如使用不同型号的球杆、在不同的场地条件下进行训练等，以增加自己的技术储备和适应性。

2. 体能训练规划

（1）力量训练。高尔夫挥杆需要足够的身体力量支持，特别是核心肌群和肩背部的力量。球员应定期进行力量训练，提高自己的爆发力和稳定性。

（2）柔韧性训练。良好的柔韧性有助于球员在挥杆过程中更好地发挥技术动作。球员应通过拉伸、瑜伽等训练方式，提高身体各部位的柔韧性。

（3）耐力训练。一场高尔夫比赛往往耗时较长，对球员的体能要求较高。球员应通过长跑、游泳等有氧运动，提高心肺功能，增强比赛中的持久力。

3. 心理素质提升规划

（1）压力管理。高尔夫比赛中，球员往往面临着来自各方面的压力。学会管理压力，将压力转化为动力，是提升心理素质的关键。球员可以通过冥想、呼吸练习等方式来降低焦虑水平，提高抗压能力。

（2）自信心培养。自信心是高尔夫球员在比赛中取得好成绩的重要因素。球员应在日常训练中不断积累成功经验，提高自己的自信心。同时，也要学会在失败中汲取教训，保持积极的心态。

（3）专注力训练。在高尔夫比赛中，保持高度的专注力是至关重要的。球员可以通过专门的专注力训练，如盯点练习、听觉干扰练习等，提高自己的专注度和抗干扰能力。

4. 实践与应用

（1）定期参加比赛。通过参加各种级别的高尔夫比赛，球员可以检验自己的训练成果，并在实战中不断调整和完善自己的挥杆技术。同时，比赛也是积累经验和提升心理素质的有效途径。

（2）与高水平球员交流。与高水平球员的交流和学习，可以帮助球员更快地成长。球员可以积极参加各种高尔夫交流活动，或寻求专业教练的指导，以获取更多的技术启示和经验分享。

（3）持续反思与总结。在训练和比赛过程中，球员应养成持续反思和总结的习惯。通过记录自己的训练日志、比赛心得等，发现自己在挥杆技术、体能和心理素质方面的不足，并制订针对性的改进计划。

综上所述，提升高尔夫挥杆技术的长期规划需要球员在技术、体能和心理三个方面进行全面而系统的训练。只有通过持之以恒的努力和科学合理的训练方法，球员才能在高尔夫这项运动中取得更好的成绩并实现自我超越。

第十章 高尔夫挥杆技术的发展趋势

第一节 高尔夫挥杆技术的研究进展

一、挥杆动力学与生物力学研究

高尔夫挥杆作为一项复杂的运动技能，其背后涉及的动力学和生物力学原理对于理解挥杆机制和提高击球效果至关重要。

1. 高尔夫挥杆动力学

高尔夫挥杆动力学主要研究挥杆过程中杆头、球和球员之间的相互作用力及其产生的效果。这些力包括杆头的线性和旋转运动、球受到的撞击力以及球员身体产生的反作用力。

（1）线性和旋转运动。挥杆过程中，杆头以特定的轨迹和速度移动，同时围绕其轴心进行旋转。这些线性和旋转运动直接决定了球的飞行轨迹和旋转。

（2）撞击力。当杆头与球接触时，产生的撞击力将球从地面击出。撞击力的大小、方向和持续时间不仅影响球的飞行距离，还影响球的旋转和弹道。

（3）反作用力。球员在挥杆过程中，其身体会产生反作用力，以平衡杆头对球的作用力。这种反作用力对球员的身体姿势和稳定性有着重要影响。

2. 高尔夫挥杆生物力学

高尔夫挥杆生物力学关注球员身体在挥杆过程中的运动学和动力学表现，以及这些表现如何影响挥杆效果。

（1）身体姿势。球员的身体姿势在挥杆过程中起到关键作用。正确的身体姿势可以提供稳定的支撑，帮助球员更好地控制杆头的运动轨迹和速度。

（2）肌肉活动。挥杆过程中，球员的多个肌肉群协同工作，以产生必要的力量和稳定性。肌肉活动的协调性和效率直接影响挥杆的效果。

（3）关节运动。球员的肩、肘、腕和髋等关节在挥杆过程中发生复杂的运动。这些关节运动的协调性和流畅性对于保持挥杆轨迹的稳定性和一致性至关重要。

3. 动力学与生物力学的相互作用

高尔夫挥杆的动力学和生物力学是相互关联的。球员的身体运动（生物力学）产生特定的挥杆轨迹和速度（动力学），而这些轨迹和速度又反过来影响球员的身体运动。如果球员的挥杆轨迹不稳定，可能会导致身体姿势的失衡和肌肉活动的不协调，从而影响击球效果。

4. 实际应用

对高尔夫挥杆动力学和生物力学的深入理解可以帮助球员优化挥杆技术，提高击球效果。通过调整身体姿势、肌肉活动和关节运动，球员可以产生更稳定、更一致的挥杆轨迹和速度，从而提高击球的准确性和距离。此外，这种理解还可以帮助球员预防运动损伤，提高运动表现。

高尔夫挥杆动力学与生物力学是高尔夫运动的重要组成部分。通过对这两个领域的深入研究和实践应用，球员可以更好地理解挥杆机制，优化挥杆技术，提高击球效果。未来的研究可以进一步探索如何利用这些原理来开发更有效的训练方法和技术创新，以促进高尔夫运动的发展和提高。

二、挥杆技术与现代科技的结合

高尔夫挥杆技术作为一项历史悠久的运动技能，在现代科技的推动下正经历着前所未有的变革。随着科技的进步，越来越多的先进设备和技术被应用于高尔夫挥杆训练中，为球员提供了更加精准、高效的练习和比赛体验。

1. 现代科技在高尔夫挥杆技术中的应用

（1）挥杆分析设备。现代科技为高尔夫球员提供了各种挥杆分析设备，如高速摄像机、运动捕捉系统和三维动作分析仪等。这些设备能够实时捕捉球员的挥杆动作，并通过软件分析挥杆轨迹、速度、角度和力量等关键参数。球员可以根据分析结果调整自己的挥杆技术，提高击球的准确性和一致性。

（2）虚拟现实技术。虚拟现实技术为高尔夫球员创造了逼真的练习环境。球员可以戴上虚拟现实头盔，进入一个虚拟的高尔夫球场，模拟真实的比赛场景。这种技术不仅可以让球员在不受天气和场地限制的情况下进行练习，还可以根据球员的水平和需求调整难度和训练内容，提高训练效果。

（3）智能穿戴设备。智能穿戴设备如智能手表、智能手环等，可以实时监测球员的心率、步数、挥杆次数等生理和运动数据。这些数据可以帮助球员了解自己的身体状况和运动表现，从而制订更加合理的训练计划和比赛策略。

2. 高尔夫挥杆技术与现代科技结合的优势

（1）提高训练效果。现代科技的应用使得高尔夫球员的训练更加精准和高效。球员可以通过挥杆分析设备了解自己的挥杆缺陷，并通过虚拟现实技术进行有针对性的练习。这种个性化的训练方法可以帮助球员更快地掌握正确的挥杆技术，以提高训练效果。

（2）预防运动损伤。高尔夫挥杆是一项对身体素质要求很高的运动，不正确的挥杆动作容易导致运动损伤。现代科技的应用可以帮助球员实时监测身体状况和运动数据，及时发现潜在的运动损伤风险，并采取有效的措施进行预防和治疗。

（3）提升比赛体验。现代科技的应用为高尔夫球员的比赛体验带来了革命性的改变。虚拟现实技术可以模拟真实的比赛场景，让球员在比赛中更加投入和自信。智能穿戴设备可以实时监测比赛数据，为球员提供更加全面的比赛分析和策略建议。

3. 现代科技在高尔夫挥杆技术中的挑战与前景

虽然现代科技在高尔夫挥杆技术中取得了显著的成果，但也面临着一些挑战。例如，挥杆分析设备的准确性和稳定性仍有待提高，虚拟现实技术的逼真度和交互性也需要进一步完善。未来，随着科技的不断发展和创新，相信这些问题都将得到解决，现代科技在高尔夫挥杆技术中的应用将更加广泛和深入。

高尔夫挥杆技术与现代科技的结合为高尔夫运动的发展注入了新的活力。这种结合不仅提高了球员的训练效果和比赛体验，还为预防运动损伤提供了有效的手段。未来，随着科技的进步和创新，高尔夫挥杆技术将迎来更加广阔的发展前景，为高尔夫运动注入更多的可能性。

第二节　未来高尔夫挥杆技术的创新方向

一、智能化教学系统的应用

随着科技的日新月异，高尔夫教学领域也迎来了革命性的变革。高尔夫智能化教学系统的出现，为高尔夫爱好者与专业球员提供了一个全新的学习平台。这一系统不仅集成了现代科技手段，还结合了高尔夫挥杆技术的精髓，使得高尔夫教学更加高效、个性化。

1. 高尔夫智能化教学系统的组成与特点

高尔夫智能化教学系统主要由三部分组成：硬件设备、软件系统和数据分析工具。硬件设备包括智能高尔夫模拟器、高速摄像机、动作捕捉设备等，用于实时捕捉和分析球员的挥杆动作。软件系统负责整合和处理这些数据，生成可视化的分析报告和训练建议。数据分析工具则帮助教练和球员更深入地了解挥杆技术的细节，为针对性的训练提供依据。

这一系统的特点在于其高度的智能化和个性化。系统能够根据球员的水平和需求，提供定制化的训练计划和课程内容。同时，通过实时反馈和数据分析，球员可以及时了解自己的挥杆表现，调整技术动作，从而提高训练效果。

2. 高尔夫智能化教学系统的应用场景

（1）专业训练。对于专业球员来说，高尔夫智能化教学系统能够提供精准的技术分析和个性化的训练建议。球员可以通过系统了解自己的技术短板，制订针对性的训练计划，提高技术水平和竞技能力。

（2）业余爱好者。对于广大业余爱好者来说，高尔夫智能化教学系统能够降低学习门槛，提高学习效果。系统能够根据爱好者的水平和需求，提供基础技术教学、挥杆动作纠正和比赛策略指导等服务，帮助爱好者更好地享受高尔夫运动的乐趣。

（3）在线教学。随着互联网技术的发展，高尔夫智能化教学系统也开始应用于在线教学领域。教练可以通过该系统远程指导球员挥杆动作，并实时地反馈和纠正球员的技术问题。这种教学模式不仅打破了地域限制，还为教练和球员提供了更加灵活方便的学习方式。

3. 高尔夫智能化教学系统的影响与前景

高尔夫智能化教学系统的应用对高尔夫教学领域产生了深远的影响。首先，它提高了教学的效率和质量，使得教练能够更加精准地指导球员的训练。其次，它降低了学习门槛，使得更多人能够接触并感受高尔夫运动的魅力。最后，它推动了高尔夫教学的数字化转型，为未来的高尔夫教学提供了无限的可能性。

展望未来，高尔夫智能化教学系统还有很大的发展空间。随着科技的进步和创新，系统的硬件设备和软件功能将不断优化和完善，为球员提供更加精准、个性化的教学服务。同时，随着人工智能技术的发展，系统还将能够更深入地分析球员的挥杆技术，提供更加智能化的训练建议和比赛策略。

高尔夫智能化教学系统的应用为高尔夫教学领域带来了变革。它不仅提高了教学的效率和质量，还降低了学习门槛，推动了高尔夫教学的数字化转型。未来，随着科技的不断发展和创新，高尔夫智能化教学系统将更加优化和完善，为高尔夫运动的发展注入新的活力。

二、个性化定制挥杆装备的发展

高尔夫运动作为一项精致的体育项目，对于装备的要求自然也是极高的。特别是高尔夫挥杆装备，其设计和制造过程中需要考虑众多因素，如球员的体型、力量、技术水平和个人偏好等。近年来，随着科技的进步和消费者需求的多样化，个性化定制高尔夫挥杆装备逐渐成了高尔夫装备市场的一大趋势。

1. 个性化定制高尔夫挥杆装备的概念

个性化定制高尔夫挥杆装备，指的是根据球员的个体特征和需求，量身打造符合其个人特点的高尔夫挥杆装备。这不仅仅是对传统高尔夫挥杆装备的简单改造或调整，更是从设计、材料、工艺等多个方面进行全面优化，以最大程度地满足球员的个性化需求。

2. 个性化定制高尔夫挥杆装备的发展历程

在过去，高尔夫挥杆装备以标准化生产为主，球员在选择装备时往往只能根据自己的大致需求和喜好来进行挑选。然而，随着科技的发展和对高尔夫运动研究的深入，人们逐渐认识到每个球员的挥杆技术和身体特征都有其独特性，因此需要更加个性化的装备来适应这些差异。

近年来，一些高端的高尔夫装备品牌开始尝试推出个性化定制服务，通过收集球员的身体数据、挥杆数据和个人偏好等信息，为他们打造专属的高尔夫挥杆装备。这些装备在材料选择、杆头设计、杆身长度和重量、握把材质和形状等方面都进行了个性化调整，以更好地适应球员的挥杆特点和需求。

3. 个性化定制高尔夫挥杆装备的优势

（1）提高挥杆效率。个性化定制的挥杆装备能够更好地适应球员的身体特征和挥杆技术，减少不必要的力量损失和动作变形，从而提高挥杆效率。

（2）降低运动损伤风险。通过精确的个性化定制，可以减少球员在使用装备时的不适感和潜在的运动损伤风险，保护球员的身体。

（3）增强球员信心。拥有专属的个性化定制装备，球员在比赛中会更有信心，因为他们知道这些装备是专门为自己量身定制的，能够更好地助力自己的表现。

（4）满足个性化需求。每个球员都有自己的喜好和风格，个性化定制装备能够满足球员对于装备外观、材质和手感等方面的个性化需求，让球员在享受高尔夫运动的同时也能展现自己的个性。

4. 个性化定制高尔夫挥杆装备的挑战与前景

尽管个性化定制高尔夫挥杆装备具有诸多优势，但在实际发展过程中也面临着一些挑战。例如，个性化定制需要收集大量的球员数据并进行深入分析，这对于技术和数据处理能力的要求非常高。此外，个性化定制服务的成本相对较高，可能会让一些普通球员望而却步。

然而，随着科技的不断进步和消费者对个性化需求的不断增加，个性化定制高尔夫挥杆装备的前景仍然非常广阔。以下是个性化定制高尔夫挥杆装备的几个发展趋势：

（1）技术革新。随着新材料、新工艺和智能制造技术的发展，个性化定制高尔夫挥杆装备的生产效率和品质将得到进一步提升。

（2）数据分析与优化。通过收集和分析更多的球员数据，高尔夫挥杆装备制作者可以更加准确地了解球员的挥杆特点和需求，从而为他们提供更加精准的个性化定制服务。

（3）成本降低与普及化。随着生产技术的进步和市场规模的扩大，个性化定制高尔夫挥杆装备的成本有望逐渐降低，使更多球员能够享受到这种个性化服务。

（4）定制化服务的多样化。除了传统的挥杆装备外，未来个性化定制服务还可能扩展到其他高尔夫相关产品，如高尔夫球鞋、高尔夫服装等。

总之，个性化定制高尔夫挥杆装备是高尔夫运动装备领域的一大发展趋势。随着科技的进步和消费者需求的多样化，这种个性化定制服务将越来越普及和成熟，为高尔夫爱好者带来更加舒适、高效的挥杆体验。

三、高尔夫挥杆技术的跨学科融合

高尔夫挥杆技术看似简单，实际上却蕴含了丰富的科学原理和技术细节。随着科技的不断进步，越来越多的学科开始与高尔夫挥杆技术相融合，共同推动这项运动的发展。

1. 物理学与高尔夫挥杆技术

物理学在高尔夫挥杆技术中起着至关重要的作用。球杆与球的碰撞、球的飞行轨迹、风力对球的影响等，都需要物理学原理来解释和指导。例如，根据牛顿第三定律，球杆对球的作用力大小等于球对球杆的作用力大小，但方向相反。这一原理能够帮助球员更好地理解球杆与球的相互作用，从而调整挥杆的力度和角度。此外，物理学中的动力学和运动学原理也为高尔夫挥杆技术的优化提供了理论支持。

2. 生物力学与高尔夫挥杆技术

生物力学是研究生物体运动规律的学科，它与高尔夫挥杆技术的结合，使得挥杆动作更加科学和高效。生物力学家通过分析球员的挥杆动作，可以找出潜在的不合理之处，提出改进建议。例如，通过测量和分析球员的关节角度、肌肉力量和动作轨迹等数据，生物力学家可以帮助球员调整挥杆姿势、提高动作流畅性和力量传递效率。同时，生物力学家还可以为高尔夫球员的康复训练提供指导，预防运动损伤。

3.心理学与高尔夫挥杆技术

高尔夫运动不仅是技术与体能的较量，更是心理的较量。心理学在高尔夫挥杆技术中的应用主要体现在以下几个方面：首先，心理学家可以帮助球员建立积极的心理暗示和自我认知，提高自信心和比赛表现。其次，心理学家可以教授球员应对压力和挫折的方法，帮助他们在比赛中保持冷静和专注。最后，心理学家还可以通过心理训练，帮助球员调整情绪状态、提高注意力和决策能力。

4.计算机科学与高尔夫挥杆技术

随着计算机科学的快速发展，高尔夫挥杆技术也开始与这一学科进行深度融合。例如，通过高速摄像机和运动捕捉技术，计算机可以对球员的挥杆动作进行精确的分析和评估。这些技术不仅可以捕捉到挥杆过程中的每一个细微动作，还可以将数据转化为可视化的图表和报告，帮助球员和教练更直观地了解挥杆技术的优缺点。此外，计算机科学还可以为高尔夫挥杆技术的模拟和仿真提供支持。通过建立数学模型和算法，计算机可以模拟不同挥杆条件下的球飞行轨迹和碰撞效果，为球员提供更加精准的训练和指导。

5.跨学科融合的未来展望

随着科技的进步和学科交叉融合的深入发展，未来高尔夫挥杆技术将迎来更加广阔的跨学科融合前景。例如，虚拟现实和增强现实技术可以为高尔夫挥杆技术的训练和模拟提供更加逼真的环境和体验；人工智能和机器学习技术可以对球员的挥杆数据进行深度挖掘和分析，为个性化教学和训练提供支持；生物医学工程和神经科学的发展也将使高尔夫挥杆技术的生物力学和心理学研究更加深入和细致。

总之，高尔夫挥杆技术的跨学科融合将为这项运动的发展注入新的活力和动力。通过整合不同学科的知识和技术手段，教练可以更加全面和深入地了解高尔夫挥杆技术的本质和规律，为球员提供更加科学和有效的训练和指导方法。同时，这种跨学科融合也将推动相关学科的发展和进步，实现学科之间的相互促进和共同发展。

参考文献

[1] 兰梦轩.中日韩优秀男子高尔夫球员一号木全挥杆技术运动学对比分析 [D].
北京 : 首都体育学院 ,2023.

[2] 王星杰.中美优秀女子高尔夫球员一号木挥杆技术运动学对比分析 [D]. 北京 :
首都体育学院 ,2022.

[3] 赵紫龙.我国与世界优秀女子高尔夫球选手一号木技术对比分析 [D]. 北京 : 首
都体育学院 ,2021.

[4] 徐华雨.国内外优秀男子高尔夫球员一号木杆挥杆技术运动学分析 [D]. 北京 :
首都体育学院 ,2021.

[5] 林琛 , 何华珍."大思政课"视域下高校美育的价值、逻辑与路径 [J]. 北京教育 :
德育 ,2024,(3):30-35.

[6] 涂荣.高校美育思政价值的彰显及其保障机制 [J]. 美育学刊 ,2024,15(2):9-14.

[7] 赵淑红.美育融入高校思政教育的内在机理及路径研究 [J]. 林区教学 ,2024,
(2):83-87.

[8] 张浩 , 张立家.美育融入高校思政课教学的困境与对策探析 [J]. 美术教育研
究 ,2024,(3):127-129.

[9] 张在兴.试论高尔夫挥杆技术及力量训练策略 [J]. 当代体育科技 ,2020,10
(31):107-109.

[10] 徐华雨 , 王泽峰 , 朱鹏岳 , 等.世界优秀女子高尔夫球员准备姿势对挥杆技术
的影响研究 [J]. 河北体育学院学报 ,2020,34(4):19-23.

[11] 曹全军.大学生高尔夫挥杆技术分析与学练研究 [J]. 青少年体育 ,2019,(12):9
7-98.

[12] 王涵 . 视频反馈技术在高校高尔夫教学中的运用研究 [J]. 齐齐哈尔师范高等专科学校学报 ,2019,(3):135-137.

[13] 付贵阳 . 高尔夫挥杆技术动作教学探讨 [J]. 山西青年 ,2019,(8):293.

[14] 张玉阳 . 功能训练对高尔夫挥杆技术的促进功能 [J]. 才智 ,2019,(9):150.

[15] 何伟 , 万谦 . 高尔夫全挥杆技术动作中的空间、时间和运动知觉 [J]. 文体用品与科技 ,2019,(1):249-250.

[16] 孙小涵 . 论高尔夫木杆挥杆技术动作的运动力学分析 [J]. 科技风 ,2017,(15):234.

[17] 郑青 , 周徐娜 . 高职院校高尔夫球技术教学中的辅助器材使用研究 [J]. 当代体育科技 ,2017,7(12):161-162.

[18] 许启愈 . 青少年高尔夫球挥杆技术动作训练方法之探析 [J]. 运动 ,2016,(23):23.

[19] 赵岩 , 牛真真 . 柔韧性素质训练对高尔夫挥杆技术影响的探讨 [J]. 现代职业教育 ,2015,(15):127.